U0871482

有状元才　无状元命

大状马咬耳

何初树
苏　四　编著

羊城晚报出版社
·广州·

图书在版编目（CIP）数据

大状马咬耳 / 何初树，苏四编著. — 广州 ： 羊城晚报出版社，2019.8

ISBN 978-7-5543-0732-8

Ⅰ. ①大… Ⅱ. ①何… ②苏… Ⅲ. ①民间故事－作品集－中国－当代 Ⅳ. ①I277.3

中国版本图书馆CIP数据核字（2019）第160941号

大状马咬耳

Dazhuang Mayao'er

责任编辑 黄捷生
责任技编 张广生
封面设计 苏　四　秦桂凤　黄永红
插　　图 黄永红
摄　　影 秦桂凤　彭自本
责任校对 杨映瑜　谢泽澎　俎林岑
出版发行 羊城晚报出版社
（广州市天河区黄埔大道中309号羊城创意产业园3-13B　邮编：510665）
发行部电话：（020）87133824
出 版 人 吴　江
经　　销 广东新华发行集团股份有限公司
印　　刷 佛山市浩文彩色印刷有限公司
规　　格 787毫米×1092毫米　1/16　印张14.75　插页4　字数290千
版　　次 2019年8月第1版　2019年8月第1次印刷
书　　号 ISBN　978-7-5543-0732-8
定　　价 48.00元

版权所有　违者必究（如发现因印装质量问题而影响阅读，请与印刷厂联系调换）

《大状马咬耳》编委会

顾　问：徐广志　梁小鹏

主　编：何初树

副主编：陈汉成　戚正旺　黄国雄　梁绍辉

　　　　冯佐照　伍仁钦　苏　四　邹国亮

编　委：洪盘东　梁重超　叶秋铭　曾炳辉

　　　　张光正　甘培旭　涂　健　郑颖华

内容提要

在重视挖掘历史文化的今天，民间广泛流传的历朝历代名人故事颇具研究价值，而其中接地气的，清朝马咬耳的故事便是其中之一。

马咬耳的家乡在广东新兴县上沙村奕祥坊，与禅宗六祖惠能母亲出生地——塱村是一河之隔。马咬耳是一位被人称为“有状元才、无状元命”的乡下名人。西江流域的民间流传着很多关于马咬耳的故事，可以说家喻户晓。

马咬耳，原名梁文才、梁天培，因骑膊马时咬掉父亲耳朵而得此名。马咬耳天赋聪明，性格诣趣，幼时与塱村的孩子一起在大南河里玩耍，后在塱村求学读书，得名师启蒙教育，从小深受六祖禅风熏陶，小时候已显露出过人的才华，但爱以恶作剧去捉弄别人。

马咬耳长大成人以后，初时仍喜欢以歪点子整蛊人，会营销，懂经商，后因害人反害已得以警醒，又得禅师高僧指点而痛改恶习，得学友举荐而转行做状师，经生活历练而遐迩闻名。他经常出头替老百姓打官司做好事，惩恶扬善，靠过人的聪明才智破了多宗大案悬案。在当时中国海上丝绸之路的发端——广州，跟英国东印度洋行打赢了一场事关重大的官司，替两广总督与十三行首富解除了大困局，得到了重奖。

本是功成名就的马咬耳有官不做，回乡当状师与老师，是非功过，任人置评。

现在新兴县上沙村奕祥坊所保存的梁氏族谱有记载着马咬耳（梁文才、梁天培）的名字，村里仍保留着马咬耳所建的九座大屋，其中用作学堂的七座大屋经风雨侵蚀、年久失修已坍塌，仅残留着墙头；但还有两座大屋保留得相对完好。大南河边百步梯、码头和乌鸦仔山上占地数亩的马咬耳家族祖坟尚保留完好。这四件历史遗物就是马咬耳当年影响力巨大的有力佐证。

笔者在搜集大量民间原始素材的基础上，将一些故事进行梳理与整合，去伪存真，去粗存精，剥离芜杂，发掘历史文化，以文学艺术的角度去塑造马咬耳这位地方名人，传播正能量。这对当今大力打造乡村文化、实施振兴乡村战略，发展全域旅游有一定的推动作用。

大状马咬耳

目录

大状马咬耳

一 新兴出了马咬耳

新兴县是禅宗六祖惠能的故乡，也是人杰地灵的风水宝地。“任凭天下乱，此地永无忧；任凭天下旱，此地一半收。”一千多年来星移斗转，岁月交替，沧海桑田，花开花落，都验证了六祖惠能这偈语是名副其实的醒世名言。新兴的人民，世世代代在这里生活着，受着禅风的熏陶。

清朝道光年间，新兴县的三区当时所占的地域很大，包罗了太平、共成、稔村、东成、集成、船岗等几个大镇，面积差不多有半个新兴县那么大。

三区的区府所在地就是现在太平镇上沙管理区。沙村人口众多，细分为上沙、中沙、下沙、余村四个村落，依山傍水，土地肥沃。虽然不是珠江三角洲，但水网纵横，也是一方鱼米之乡。蜿蜒的大南河也叫“六祖河”，在沙村前面静静地流过。河水清冽见底，游鱼追逐。两岸翠竹摇曳，野花烂漫。河对面那条村庄就是禅宗六祖惠能娘亲的家乡塱村。

沙村集市是县城附近规模颇大的集市。这里许多店铺主要经营箩筐、竹箕、竹椅、竹床、竹席、篾、木凳、床板、木门、木台、木柜等竹木制品。这里俨然成了竹木制品的世界。

这里也是各种农产品与山货的集散地，四周村民将自家饲养的鸡鸭鹅和种植的蔬菜、水果等挑来这里摆卖，又将日常生活用品买回家中。

沙村集市每天都是车水马龙，游人如鲫。尤其是乡间的墟日，人们不约而同地涌到这里，沙村集市更是人头攒动，摩肩接踵，叫卖声、讨价还价声不绝于耳。

马咬耳出生在上沙村奕祥坊，“马咬耳”这名字乍听起来有点奇怪。的确，他本来并不是姓马，而是姓梁，原名叫梁文才，又名梁天培。梁文才与马咬耳这两个名字简直风马牛不相及。那么“梁文才”为何变成了“马咬耳”呢？皆因其名字有一段不同凡响的来历。

这一天是新兴县太平镇沙村集市的墟日。

家里的田地已整好了，梁世福要去趁墟，买些瓜菜种子回来。

还是幼童的梁文才在家里一个人玩得无聊，知道父亲要去沙村集市，吵着要跟父亲一起去趁墟。

梁世福本来不想带这个还流着鼻涕的小孩童到集市上去，认为这样无疑是多了个驮手㨃脚的秤砣，有碍于自己办事。无奈梁文才又哭又闹，老婆潘银凤听到哭声觉得心烦，便叫梁世福带儿子外出趁墟。

梁世福拗不过老婆，只好拖着梁文才上街去了。

梁世福父子俩在集市上兜了几个大圈，买齐瓜菜种子后，便往回家的路上走，归途中要路过集市中间的“八里香”卤味店。

“八里香”远近驰名，老板苏汝衡做卤味已三代祖传。苏汝衡自己对开发卤味的新品种颇有研究，所做的卤味色香味美，吃完齿颊留香，回味无穷。所以他的店铺经常客似云来。

嘴馋的梁文才生平爱吃卤味，尤其是那些卤猪大肠和卤猪耳仔。所以，每逢娘亲潘银凤带他来沙村集市趁墟，一定会到“八里香”卤味店买一些卤味让他吃。

此时，“八里香”橱窗里吊挂着一串串油光发亮的卤猪大肠、卤猪耳朵、卤猪头皮等卤味，琳琅满目，美不胜收。各种卤味散发出来的香味直钻鼻孔，实在诱人。

梁文才望着那些卤味，味蕾大开，馋得实在无法忍得住，舌头伸出嘴巴，来回舔着，好像那些香喷喷的卤味已到了嘴边一样，涎水从嘴角一直往下流，差点儿流到地面。

“父亲，我要吃卤味！”梁文才拉了拉父亲的裤筒，仰起脑袋，吵着要吃。

梁世福低头训斥道：“文才，今天早上在家里你已经吃了三条大番薯，我看你的肚子饱得快要撑破了，还想吃？！”

梁文才嘟起了嘴巴：“番薯归番薯，卤味归卤味，我已经十多天没有吃过卤味了。”

梁世福口气决绝：“不买！你这个馋嘴鬼，整天只是知道吃、吃、吃！”

梁文才跺着脚，在“八里香”卤味店的档口前赖着不走：“我要食卤味！我要食卤味！”他以为这样撒娇父亲就会满足他的要求。但梁世福一向是个固执的人，今天在墟上买了瓜菜种子后口袋里已经没有钱了，所以并不买梁文才的账。

梁文才见父亲不答应，耍赖道：“你不买卤味我吃，我就不走！”

梁世福一瞪眼睛，叱道：“你究竟走不走？”

梁文才双手抱着“八里香”卤味店门前的那棵大樟树，嘁了嘁嘴巴，口气也变得强硬：“不走！你不买卤味给我吃我就是不走！”

如果让这无知幼童在大街上耍赖欺负自己得逞，梁世福觉得这会丢人现眼，说：“你不走，我自己回村里去。”

梁文才：“我就是不走，要回村里去你就自己回去。”

梁世福见这一着不奏效，狠狠地瞪着梁文才：“哼，你以为在这里赖死我就炮制不了你？！”

说句心里话，在这个时候，梁世福不敢让梁文才赖在沙村集市自己回家去，因为这独生儿子还小，如果让他单独留在闹哄哄的沙村集市上，一旦被坏人拐走就会永远失去了。他的眼睛来回转了几下，顿生一计，冷语道：“你想赖着不走，我就偏偏要你走。”言毕，梁世福弯下腰来，使劲掰开梁文才抱着树干的双手，拖着他就往回家的方向走。

梁文才望着那近在咫尺的卤肉串，哪里肯就此离开？于是他猛力挣扎，坐在地面两脚乱蹬，双手拍地，放声大哭。

梁世福见儿子这个馋嘴鬼大哭大喊不愿走，便弯下腰来，拖着梁文才往回走，但是梁文才使劲挣扎着。梁世福想了一下，张开两手，往儿子的双腋一抄，旋即挺立腰肢，将儿子高高地举了起来，再往自己的肩膀上一放，让儿子双脚分叉，坐在自己的肩膀上。

小孩子双脚分叉，骑在大人的肩膀上，广东人通常称这种方法为“骑膊马”，这也是大人经常用来带着小孩子一同行走的方法。

梁文才突然被迫骑了“膊马”，又被父亲硬地骑着往家里走，眼见离“八里香”卤味店越来越远，他不停地用手拍打着父亲的脑袋，连声叫嚷：“父亲，我要吃卤味！父亲，我要吃卤味！”

但梁世福并不买这个耍赖儿子的账，双手扯着梁文才的双脚，让他骑着“膊马”，父子两人径直往沙村集市的墟尾走去。

这样一来，骑着“膊马”的梁文才更加心急了，一边挣扎一边大声哭叫："我要吃卤味！我要吃卤味呀！"

梁世福知道儿子历来调皮捣蛋，双手紧紧抓住梁文才从自己肩膀架下来的双脚，不让他掉下来，一个劲地往沙村的方向走。

梁文才一边用手拍打着父亲的脑袋，一边哭叫。但梁文才越是大声叫嚷，梁世福就越是走得快。

梁文才见父亲偏偏跟自己作对，离开那卤味店越来越远。他人虽然小，但自尊心却极强，觉得自己受到了伤害，见父亲如此执拗，由恼羞成怒变得失去了理智，双手用力按住父亲的脑袋，低下头来，朝着父亲的右边耳朵狠狠地一口咬下去。

小孩子的牙齿又尖又利，梁文才用的又是无情力，这么狠狠一咬，就像一把铡刀铡进梁世福耳朵的肉里。一阵剧痛钻心而至，梁世福痛得龇牙咧齿，往前打了几个趺撞，上身猛地甩摆，重心朝右边倾斜，想把儿子从肩膀上放下来，骑在梁世福肩膀上的梁文才担心跌落到地面，牙齿更加用力紧紧地咬着父亲的耳朵。

这么一咬，梁世福被咬得痛彻心扉，杀猪般哀号起来，本来已经倾斜的身子往右侧倒下，抓着梁文才的双手本能地松开，朝右边的地面按下去。

在梁世福倒下的一瞬间，梁文才从肩膀悬空斜挂下来，嘴巴仍然咬着梁世福的耳朵没有放开。

随着梁世福往旁边倒下去，梁文才也被惯性朝右前方飞甩摔出来。无情力是最为无情的，梁文才的牙齿就是这样无意的一扯，竟然将梁世福的耳朵咬掉了一大半。

梁世福突然被咬掉了半只耳朵，倒在地后，痛得一边在地面上打滚，一边"哎哟"大叫。

梁世福好不容易才爬了起来，坐在地面，无情的疼痛钻心锥肺，鲜血从他耳朵那咬崩的缺口处汩汩而出，再从他的指缝和耳根不断地往下淌。

被摔甩往右前方的梁文才就势在街上打了几个滚，又在地面爬了起来，一屁股坐在大街上，他的嘴巴仍然咬着父亲那一片鲜血淋漓的耳朵。惊魂过后，定过神来，梁文才才伸手取下嘴巴里刚刚咬下的父亲耳朵看着，自己心里也觉得奇怪：“父亲的这半只耳朵怎么会被自己咬下来的呢？”他望着痛得在地面打滚的父亲，却不知该怎么办。

沙村集市上趁墟的人们突然听到惨叫之声，大吃一惊，马上围拢上来，见梁世福用右手紧捂着血淋淋的耳朵，大声叫痛。大家都束手无策。

幸好有位沙村的乡亲在此不远处开了间中药铺，店主拿起止血用的山草药奔出店来，敷在梁世福的耳朵上，让他耳朵的伤口止了血，再包扎好。此时此刻，梁世福的衣服已满是血迹，地面也有了一大摊鲜血。

街上的人们见梁世福如此惨状，问起是怎么一回事。

梁世福指着不远处的梁文才，怒得眼睛冒烟，骂道：“就是这个衰仔，把我的耳朵咬了下来！”

“这耳朵还给你，”梁文才将手中的那半只血淋淋的耳朵扔到梁世福的面前，反驳道，“是你硬地要我骑膊马，还将我从你的肩膀上猛掷下来，跌得我浑身都痛了，你还大声骂我？！”

“啊，原来如此？！”街上的人们听后，全都忍不住捧腹大笑。

回到沙村的家里，暴怒的梁世福一把抄起屋角放着的那根竹条，朝梁文才的脚狠狠地打去。“啪”声过后，梁文才的小腿马上凸起了一条红色的伤痕。

梁世福骂道：“你这个衰仔，竟然斗胆将我的耳朵咬去了一大半？！”

梁文才“哇哇”大哭后，捂着火辣辣的小腿，辩解道：“是你将自己的耳朵弄甩了一大半，关我屁事！”从梁文才的角度来看，自己并非有意去咬掉父亲的耳朵。

梁世福见儿子辩驳，反问道：“呸，我怎会将自己的耳朵弄甩一大半呢？！”

梁文才讲出自己的想法：“我在街市上咬一咬你的耳朵，为的是要你停下来给我买卤味吃，后来是你将我从骑膊马上摔甩出去。这样一来，才把你的耳朵咬去一大半，这怎能全怪我一人呢？！”

“哼，做了坏事，你还敢诸多狡辩？！”怒不可遏的梁世福又举起竹条朝梁文才打去。

随着竹条一次次地举起，又一次次地鞭打下来，梁文才身子马上多了一条条的鞭痕，痛得他“哇哇”号叫。

正在厨房忙着的潘银凤听到丈夫的打骂声与儿子的哭喊声，急急走了出来，一个箭步冲了上去，拦在中间，连忙追问究竟发生了什么事情。

潘银凤好不容易才老来得子，所以一直将梁文才视作心肝蒂，现在听了梁世福诉说后，才知道事情的因由，她既为丈夫被咬去了半边耳朵而难受，更为儿子被鞭打而心痛。

见梁世福火气正盛，潘银凤向丈夫说：“世福，你的耳朵既然已经被咬掉了半边，木已成舟，无可挽回，还发什么癫呢？！”

梁世福对梁文才骂道：“这个衰仔，不给点厉害他尝一尝，他就会飞了。”言毕又举起竹条要打下去。

潘银凤护犊心切，冲前一步，举起左手托住梁世福手腕，右手夺下了竹条，将它扔到屋里的角落去：“你现在即使打死了儿子也不能将失去了的耳朵复原，须知失去了的就永远失去了。你又何必如此大动肝火，伤了自己的身体呢？”

“唉！”老婆的话也有一定道理，梁世福长叹了一声，说，“咳，你总是护着你的心肝蒂。”

由于母亲的出面劝阻，梁文才这才避免了被打得皮开肉绽之苦。

这天晚上，如倒扣了的黑锅盖般的苍穹上，下弦月被浮云掩盖着，银河迷茫，疏星暗淡，夜之翼逐渐重重地往下压来，大地上陷入了一片黑暗之中。

梁世福的鼾声如雷，有如猛虎在卧榻之侧，吵得旁边的人根本无法入睡，所以他自己单独到另一个房间去睡。而梁文才一向以来都是跟母亲潘银凤住在同一个房间，并且是睡在同一张大床的。

这一晚，被痛打了一场的梁文才睡在大床上，觉得浑身的伤痕火辣辣的，疼痛一阵接一阵地直刺心脏。仰躺、向右侧睡或向左侧睡，无论用哪一种姿势来睡，都压得身上的伤痕很难受，所以村里巡夜的更夫打的梆子响过三更，他也无法入睡。

人若失眠脑袋想的东西就会特别多。梁文才的眼睛望着窗外星月幽暗的天空，一种想法浮上了他的脑海：前些时候，梁文才曾经跟着年纪比他大几岁的沙村孩子们外出去玩，见他们在路上挖了大洞进行伪装，做成陷阱来整蛊对方。有样学样，照板煮碗，梁文才决定用这样的方法来报复昨天痛打他的父亲。

翌日上午，吃过大番薯做的早餐，梁世福出了大门，到旁边的杂物房扛着铁锹、拿着昨天买来的瓜菜种子到他们家的菜地上去了。

一直留意父亲举动的梁文才见父亲的背影远去，消失在小路的尽头，觉得机会已到，便来到厨房，向正在斩猪菜的母亲潘银凤说："娘亲，我现在有空闲，家里的那群小鸭昨天没有吃饱，我想带它们到百步梯河边的湿地去，让它们去捉小鱼虾和其他东西吃，你说好不好？"

潘银凤一边用刀斩着猪菜，一边叮嘱道："好的，这几天下过大雨，河水暴涨。文才，你要注意安全，不要下河去游泳。"

梁文才点了点天："娘亲，你放心，我会照顾好自己的，今天上午我的任务就是放鸭。"

梁文才将小鸭群赶进竹笼去，拿起竹笼，出门时又到屋边的杂物房拿起了一把平日用来除草的小钩锄。他来到河边的湿地上，打开竹笼，放出小鸭群，让这些小鸭在湿地里奔走觅食后，快步跑到那边的一条田间小路上去。这条小路是通往他家菜地的必经之路，其他村民很少走这条小路。

梁文才踮起脚尖，环顾四周，见四下无人，弯下腰来，用小钩锄在小路中间快速地挖了起来。这两天下过几场暴雨，这小路的泥土含沙质较多，比较松软，所以挖起来并不费劲。梁文才很快在小路中间挖出一个方圆一尺、深近一尺的洞，见不远处有一大堆牛屎，就走过去将牛屎用手捧起，放进洞的底部，然后在路旁折了几根树枝，纵横交叉地架在洞口上，在树枝上铺上一层树叶，再用刚才挖开的泥土将大洞薄薄地覆盖上一层。乍地看来，这小路的路面跟平时并没有什么两样，但这却是一个陷阱。

梁文才虽然年纪小，但手勤脚快，不到一袋烟的工夫就将这个陷阱做好了。他得意地望着自己的杰作，笑着点了点头，急急忙忙跑到百步梯下的大南河边洗净了手，然后把小鸭群赶回竹笼里，拎着返家里去，在大门口处，又将小钩锄放回杂物间的原处。

将一切事情都办妥后，梁文才这才返回屋里，对正在厨房洗菜的潘银凤说："娘亲，小鸭已经喂饱了，我现在回房间复习你前天教我的唐诗。"

潘银凤称赞道："乖孩子，好，你复习完那些唐诗，学一学朗诵吧。"

"好的。"梁文才应声之后就返回自己的房间。

今天上午，梁世福在自家菜地里忙着，松土，起畦，播下瓜菜的种子，累得满头大汗，见太阳快上中天，便扛着铁锹回家去了。

梁世福沿着回家的小路走着，走着，忽然右脚一个踩空，踩进刚才梁文才挖的洞里去。他尚未明白究竟发生了什么事，整个人就朝前扑去，扛在肩上的铁锹飞甩到一丈开去。更让他恼怒的是，在往前扑倒时，鼻子擦到了泥沙，脱了一层皮，沁出血来。嘴巴顿觉又湿又咸，用手往嘴巴抹了抹，放到眼前一看，"哟，原来是啃了满嘴的泥沙！"他从扑倒的地面挺起身子，头脑才稍微清醒了一些，将右脚从洞里拔了出来，觉得脚下黏糊糊的，定神一看，脚掌上沾满了黑乎乎的东西，弯腰定神一看，原来是踩了牛屎。

“唉！今天真是行衰运，出门就撞着鬼！”梁世福一屁股坐在地上，喘着大气，这条小路自己走了不下千百遍，从来都不会出现今天这样的情况。他用手拨开覆盖在洞口的树叶与树枝，再细心察看，见洞底放着一堆牛屎。见此情形，梁世福略一思索，就知道：这个明明是人为设置、故意用来害人的陷阱。

“无风不起浪，事出必有因。这陷阱究竟是什么人挖的呢？”梁世福皱起眉头思索着，他思前想后，第一个结论浮上心头：这“阴骘事”一定是儿子梁文才干的。皆因他昨天被自己痛打了一顿，肯定是心有不甘，今天上午便在这条去菜地的必经之路挖下这陷阱进行报复。

想到这里，梁世福坐不住了，爬了起来，扛着铁锹，怒气冲冲地赶回家里去，到了家门口，将手中的铁锹往旁边狠狠一扔，大步往里面走，闯进了梁文才的房间。

此时梁文才正坐在房间的竹椅上拿着书本，摇头晃脑地朗诵着唐代孟郊所写的《登科后》诗句：“昔日龌龊不足夸，今朝放荡思无涯。春风得意马蹄疾，一日看尽长安花。”

梁世福快步上前，左手一伸，将梁文才从椅子上拎起来，大声吆喝：“你这个衰仔，竟然连父亲也要陷害？！”说罢就操起蒲扇般大的右手，一掌朝着梁文才的屁股狠狠地打去。

“啪”的一声，梁文才的屁股马上起了一个五指红印，一阵疼痛直抵心间。

小孩子自卫的最好武器就是放声大哭。梁文才遭到这突然袭击，大声地哭叫起来。

梁世福还不解恨，走到屋角去拿那打人的竹条。

梁文才见势不妙，连忙似狡兔般蹿出屋外去。

梁世福哪里肯就此善罢甘休，拿着竹条追了出去。

梁文才双手搂着屋前的白玉兰树，七手八脚就爬了上去，在离地面一丈多高的大树丫上坐了下来。

梁世福抬起头来，举着竹条指着梁文才，喝道：“你给我乖乖下来，不然，加倍严惩！”

梁文才：“我就是不下来。”

梁世福气得眼睛冒火：“不下来？我今天不打断你的脚我就跟你姓！”

梁文才嘲讽道：“好呀，你跟我姓梁？”

梁世福气爆了，但跳起来那竹条也打不着梁文才，满肚子怒气无处发泄。

梁世福在低头想着办法，忽然，一条水柱从天而降，射到他头上。梁世福觉得头顶一阵热辣辣、湿漉漉的，那些水迅速从颈脖流到身上。梁世福用手往脑瓜一抹，凑到眼前，一阵臊味直钻鼻孔。

原来，梁文才在树上朝他的脑袋撒尿下来，这下子将梁世福气得在树下又跺又跳，举着竹条骂个不停：“你真是胆大包天，竟然在树上往我的头顶撒尿？！”

梁文才用手抖着他的小鸡鸡，回击道：“你再打我，我就再射你！”

正在厨房忙着的潘银凤听到屋外闹哄哄的声音，连忙奔了出来，见梁世福横眉怒目，扬着竹条骂爬在树上的儿子，一个箭步，抢了上去，伸手夺过梁世福手中的竹条，厉声喝道：“世福，你想干什么？又要打儿子了？”

梁世福见妻子插了进来，将心中的怒火向她发泄：“你的心肝蒂屙尿射我，看，弄得我的头发全湿了。”

潘银凤：“一只巴掌拍不响，你要打他，他当然要自卫还击啦。平白无故你又要打儿子，这算哪回事？”

梁世福苦着脸投诉："今天他在路上挖了一个大洞，设置陷阱整蛊我。我种菜回来一脚踩进了陷阱，跌得好狼狈，弄得鼻子损了皮，嘴巴啃了泥沙，脚下踩得满是牛屎。不用审，那个陷阱肯定是他挖的。"

梁文才见娘亲出来庇护，摆手否认："不是我！不是我！"

潘银凤双手往腰间一叉，站在梁世福的面前，质问道："你说那陷阱是文才挖的，有什么证据？"

梁世福讲出了他的看法："文才平时专搞些恶作剧来捉弄人。我推测，一定是文才昨天被我狠揍了一顿，心存不满，所以今天上午到小路那边设下陷阱来报复我。"

"呸！"潘银凤似乎要以牙还牙，怒向梁世福，"就这么点理由你就断定陷阱是文才挖的？！这次文才实在比窦娥还要冤。既然你敢这么肯定，那么我就胆敢出来担保，陷阱肯定不是文才挖的。"

这下子，轮到梁世福来反问了："你那么肯定？有什么证据？"

潘银凤用手指着自己的胸前，道："文才今天上午是个乖乖仔，他到百步梯河边的湿地放鸭，让鸭子食饱后就回家复习唐诗了。我一直是个见证人，我就是证据！"

梁世福并不相信："我知道，儿子是你的心肝蒂。但慈母多败儿。银凤呀银凤，就因为是你，平时总要这样护着儿子，将他娇惯成这样。"

"呸！"潘银凤往地面吐了一口唾液，"你自己跌倒，屙屎不出怨地硬。现在你这个牛精佬，不但责怪儿子，连我也扯了进去。"

梁世福的鼻翼耸了耸："哼，文才如果真的像你所说的这样听话，我看太阳就会从西边出来啦！他下来后我决不轻饶他！"

潘银凤把梁世福拉到一边，小声地说："世福，我嫁给你八年好不容易才得这个香炉趸，你如果失手打死了他，你家岂不是灭了香灯、断了根吗？"

潘银凤这一着有如利针，狠狠地戳中了梁世福的要害。他的怒气顿时消减了一大半，沉吟着：“我……”

潘银凤分析道：“世福，我看你这个牛精佬平日爆竹颈性，是不是近日跟别人争拗，得罪了什么人，人家故意设陷阱来整蛊你呢？”

“这……这……”梁世福捏着下巴，眯着眼睛思索起来。

潘银凤向树上的梁文才招了招手：“文才，你下来。有我在，那个牛精佬不敢对你怎么样的。”

梁文才这才从树上滑了下来。潘银凤一把将他搂在怀里，轻轻地抚摸着他的小脑瓜：“你以后也要生生性性地做人。”

梁文才点头应诺：“是的。”

因为母亲潘银凤出面做了挡箭牌，梁文才因此又逃过了再次挨揍的命运。

事后，梁文才躲在房间的角落里独自捂住嘴巴偷笑了好久。

“沙村的小孩梁文才在集市上骑膊马将父亲的耳朵咬崩了一大块。”这件事成了沙村集市里一件轰动的新闻，很快就在太平镇附近的乡间传开了，成了三姑六婆们街谈巷议的笑话。后来有人在这基础上添油加醋，越传越神奇，越传越远，后来成了新兴县流传日久的一大奇闻怪事。

梁世福右边的耳朵被儿子咬去了半边，无法粘贴和复原。从此以后，他只能以耳朵崩缺了一半的面目处世见人。人们便暗地将他叫作“崩耳福”。

而梁文才因在骑膊马的时候咬掉父亲的耳朵，又被人们戏称作“马咬耳”。随着岁月的流逝，“梁文才”这真名逐渐被世人忘却，更没有人叫了；相反，“马咬耳”成了人们直呼他的姓名了。

梁文才为何成了他娘亲潘银凤的心肝宝贝，如此护着他呢？这得从几年前讲起。

二 天露山指点迷津

马咬耳父亲梁世福，这农民的优点是干活浑身都有力气，缺点就是脾气暴躁。

马咬耳的母亲叫潘银凤，性格跟梁世福正好相反。她是集成镇官洞村人，父亲曾在县府衙门当过教谕训导，是个正八品官员，解甲归田后，回乡安享晚年。她的父亲平时对儿女管教很严，自小除了教她们三从四德外，更多的是教她们学文化。可以说，潘银凤也是出身于书香门第。

梁世福与潘银凤两人虽然感情很好，但心中始终有一件遗憾事：结婚已经七年多了，却未能生下儿女。在农村，有没有子嗣继承香灯是一件天大的事。为此，梁世福夫妇不但在乡间到处求医，而且还不惜花钱到县城甚至到肇庆找名老中医求方取药，药煲煲烂了好几个却未能见效。梁世福的父母亲见邻居都已孙儿绕膝，带来的是欢声笑语，他们的内心更为难受与焦急，老是催促梁世福再多多想办法。

“不孝有三，无后为大”，这是中国农村各地一时摆脱不了的传统习俗。在村里一些人的白眼下，膝下无儿无女的潘银凤和梁世福更觉得低人一等，度日如年。

上沙村奕祥坊今年风调雨顺，田地里的各种作物都获得大丰收，在乡贤的力荐与资助下，上沙村特地举办了大型的探亲活动。

这一天，惠风和畅，万里无云。

潘银凤那外嫁到里洞天露山的姐姐潘金凤来到上沙村奕祥坊，与妹妹团聚，跟乡亲们细叙家常。

潘金凤得知妹妹潘银凤结婚多年不育、求医无门的情况后，柳眉蹙起，想到了什么，说：“银凤妹，我们天露山佛子墩那里有一棵姻缘树，许多人前去烧香求姻缘与子嗣。山上天露寺有位智昌大师每天替人问卜解签，指点迷津，化凶为吉，听说很灵验。听说那位大师出身于杏林世家，也会给人望诊治病，你们不妨到天露山去试一试。”

似沉沉黑夜见到了一缕曙光，有一分可能，就要用十分努力去争取。于是潘银凤和梁世福便跟随潘金凤来到天露山。

天露山是南海之滨的最高山脉。

凡是名山都有著名的主峰，如东岳泰山之玉皇顶，南岳衡山的祝融峰。据新兴县志记载：天露山耸入云霄的主峰叫铁炉峰，仙气缭绕，气势非凡，相传是太上老君炼仙丹之所，所以也是方圆百里老百姓顶礼膜拜的宝地。

“佛子墩”在天露山的半山腰处，小山墩上的那块巨石形状很似盘膝而坐的送子佛——弥勒佛。在新兴当地人的口音中，“墩”字所发出的音与“丁”字的音近似，所以人们也将“佛子墩”称为“佛子丁”。据说这里也是禅宗六祖惠能隐居天露山时种梅休息的地方。弥勒笑佛石前插着很多香烛，大石被烟烛熏得灰黑。

在灵气逼人的佛子墩有两棵相距三丈远的大榕树，长得枝干苍劲虹虬，粗大的横枝各自伸向对方，相交成拥抱之状，交叉树干浑然天成了一个“心”形，这叫人感叹天公造物，不可思议。

人们习惯地将这两棵相拥相连的大榕树叫作姻缘树。

八年前，潘银凤来天露山下的里洞探望姐姐潘金凤，上山游玩在姻缘树下遇到了来天露山打短工的梁世福，两人一见钟情而结成连理，所以这里也是值得他们夫妇纪念的地方。

在这神奇的姻缘树左右两侧，有两根由气根生成的粗树干，成了两棵小树，有如一对孖仔。当地的人说这是姻缘树诞下的两棵仔树。所以不少人来到这里，烧香许愿，祈求姻缘好合，添丁添福。

梁世福与潘银凤虔诚地在“佛子墩”那酷似弥勒佛的大石前插上香烛，奠上酒水，作了一番祈祷。

潘金凤又将梁世福夫妇带到天露寺。

天露寺始建于唐代，早期位于山顶，与岱山寺形成犄角对峙之势。后来，因山顶上小路崎岖难行，香客前往不大方便。岱山寺迁到太平圩镇附近，而天露寺则迁到半山腰处。天露寺规模不大，青砖砌墙，石板铺地，飞檐高翘，风吹挂角铜铃，叮当作响。平日信众如云，香火鼎盛。

梁世福与潘银凤给寺里的禅宗六祖惠能塑像上了香，作了祈祷后，走出大雄宝殿，见侧殿那边有位大师背着一个药篓匆匆进寺来。

潘金凤指着那大师，对潘银凤说：“银凤妹，他就是寺里的住持。”

这位智昌禅师，年逾花甲但精神矍铄，身子瘦高，皮肤白皙，脸庞略长，花白的卧蚕眉下的那双眼睛晶光闪烁，好像是阳光照进的千年古潭。他身穿一件灰色的僧袍，脚穿平底黑色僧鞋。这位老禅师的相貌在慈祥中又不失精明。

梁世福与妻子潘银凤跟随着潘金凤来到智昌大师的面前，拱手施礼：“大师好。”

智昌大师双手合十，还过大礼：“阿弥陀佛。”

“大师，我妹妹与妹夫有一个疑难问题想得到你的帮助。”潘金凤指着潘银凤与梁世福，说道。

小僧上来将智昌大师的药篓取走。

智昌大师扬手指着客堂：“好的，你们随我来。”随即将潘金凤一行人带进客堂，各人在酸枝椅上坐了下来，小僧给他们斟上清茶。

智昌大师呷了一口茶，放眼望去，见来者是一对中年夫妇，那个男的脸罩愁云，欲言又止，坐在男子旁边的潘银凤脸色绯红害羞。

智昌大师见惯了这种年纪与神态的中年夫妇，心中有数，先自开言：“两位施主，如果老衲没有估错，你们这次前来是来求子嗣的吧？”

“大师眼如明镜，洞穿世事。”还未启齿，智昌大师已预测到自己心里之暗结，梁世福不得不佩服，称赞过后，用手指着坐在旁边的潘银凤，“说来羞愧，我夫妻结婚已经七年多，尚未能开花结果，今天专程前来，是要大师给我们帮这个大忙。”

潘银凤搭腔上来：“所以望大师给我们指点迷津，引领前程。”

智昌大师对梁世福的面相与手相察看了一番后，问梁世福：“你是哪里人？”

梁世福指向东边：“太平镇沙村。”

智昌大师：“那是个好地方呀！”

梁世福感到奇怪：“啊，天露山距离我们沙村有近百里，大师缘何识得我们的乡下呢？”

“老衲我曾经在太平镇的岱山寺驻锡二十多年，平时到处走走，所以对那里的地理形胜了如指掌。沙村那一带我去过不知有多少次了。”智昌大师顿了一下，道，“你们沙村是个人杰地灵的好地方呀！”

“我们沙村确实是个好山好水的好地方，但我们在乡间无子嗣，会遭人白眼的，”梁世福以恳求的口气道，“祈望大师为我们做法事，让神灵赐子女给我们。”

智昌大师：“祈求神灵庇护不过是虚幻的愿景，要真正解惑纾难就要着手解决实际情况。”

梁世福：“望大师给我们指点迷津。您看我的实际情况如何？”

“既然如此，那么就恕老衲直言了，”智昌大师扬手一边指指点点，一边说，“我察看你妻子身体壮健，眼睛里瞳仁晶光闪烁，神采奕奕，脸色油光红润，乃一副旺夫之相，但是你——”

梁世福一听到“但是你”这三个字，心里不由得揪紧了，连忙追问：“但是我什么呢？”

“你——”智昌大师见面前有两个女人，便欲言又止。

潘银凤见他这样，探过身子，指着潘金凤，道：“这是我姐姐，大师有何话，可直说无妨。”

智昌大师这才对着梁世福说：“你身子出了问题，这就导致你有房事不举之顽疾。”

智昌大师这句话，令梁世福夫妇顿时无言。

此时，天露寺里并无其他人，静得令人害怕。

良久，脸色潮红的梁世福不好意思地点了点头，回应的声音压得低低的：“的确如大师所点出的这样。”

潘银凤羞得脸上两颊飞起红晕，暗道：“自己私密的房事能够被这从未谋面的智昌大师洞悉，看来他的确是位高人。”

智昌大师：“夫妇之间得这种顽疾，并非怪事，也不是羞事，但切莫讳疾忌医。”

梁世福称赞道：“大师您真是个相术圣手，察言观色便知我的症结。”

智昌大师摆了摆手："老衲并非以相术立世，我只不过是遵循医道上的望闻问切罢了。"

梁世福感到意外："啊，难道大师您也懂得医术？"

智昌大师直抒胸臆："我先辈几代都是杏林中人，悬壶济世，救死扶伤。老衲我自幼便得祖辈真传，年轻的时候在雍州家乡当过郎中，入空门后也时常替施主开药治病。所以说，察言观色亦属我的本行。来，我替你把把脉。"

梁世福伸出了右手，搁在身边的高脚茶几上。智昌大师将自己的食指、中指、无名指并拢放在梁世福的手腕后寸口的位置，食指定寸，中指定关，无名指定尺，屏神谛息地细听对方的脉象，俄顷叫梁世福伸出舌头再细察其舌苔。

潘银凤询问道："大师，我丈夫的脉象如何呢？"

"不大好呀！"智昌大师摇了摇头，随后对着梁世福滔滔不绝地说，"你这年纪，本应浓密乌黑的头发却变得稀疏且失去了光泽。你的五指根部不坚实，凹凸不平，先缺元气。《黄帝内经》有云，唇齿相依，唇为脾经。你的嘴唇苍白中带发绀色，乃脾经不畅。你的脉象细而弱，耳朵薄而呈灰白色，这是先天肾水不济的征兆。细察你脸色灰暗，印堂发黑，眼袋松弛下垂，尤其是两眼神散且无光，这就是精力不足，肾气大亏，阴阳不济而导致你房事不举。"

梁世福恳求道："大师，我已经吃过不少药，却未能见效，望大师赐我良方，待我到城里的药店去抓药回家煎服。"

智昌大师道："同是一种药，产地不同，功效往往有很大的差别。县城药店的药来自四面八方，其功效可能大打折扣。天露山上土质独特，水源充沛，草木繁茂，生长着上百种名贵山草药材。它们吸天地之灵气，取日月之精华，是一个天然南药的大宝库。"

的确，天露山是一个集南药大成的聚宝盆。山上早就建有药王庙和药王塔。而新兴的一些郎中携着这山里的南药走遍了大江南北，成了著名的郎中。乾隆年间的叶方祚就是名满天下的良医，他所编著《采艾编》被当时皇宫印刷成书，向世人大力推介。（孤本现收藏于台湾故宫博物院里）

梁世福："山里有没有医治我这种疾病的药材呢？"

"有，"智昌大师点了点头，扬手指向窗外面的山峰，"淫羊藿本来是陕西、湖北等地的特产，但令我奇怪的是，香榴坪的石门悬崖上竟然也生长有淫羊藿，还有巴戟天、菟丝子等药材，待老衲明天前往那里给你们采摘。"

梁世福顺着智昌大师的所指透过窗棂望去，石门悬崖此时云遮雾罩，仙气袅袅，面有难色："大师，那边悬崖如此险峻，那山草药如何能够采摘到手？"

"这点施主大可放心。别看老衲我已是花甲之年，但我自幼练过轻功，攀藤附壁，过涧越崖，不逊猿猴。既然我开了口，就一定能够办得到。"智昌大师又扬手指了指僧房那边，说，"我自己还收藏了家乡雍州的肉苁蓉和锁阳，这正好用作治疗你这顽疾的主要药引。待我在悬崖采回那三种山草药后，再给你配上五指毛桃与三七等药，一共八味。三天以后，你再来我天露寺取药吧。"

梁世福夫妇听后大为感动。

潘银凤感动得咽喉有些哽咽："那就太劳烦大师了。"

"这药多少钱？待我先付给你。"梁世福说完就从怀里掏出银两，递到智昌大师的面前。

智昌大师将梁世福拿着银两的手推了回去："慈悲为怀，扶贫济世，此乃我们佛门之宗旨。施主无须客气。"

梁世福："大师，你明天前往悬崖峭壁采药，又将珍藏的肉苁蓉给我。你如果不收下这些钱，我们夫妻俩是心有不安的。"言毕又将银两递了过去。

潘银凤附腔道："是呀，大师你就收下这点钱吧。"

智昌大师见对方盛意拳拳，定睛想了一下又将那银两推了回去，说："这样吧，既然你们如此客气，你下次来取药就给老衲我带两样东西来。"

梁世福朗声地："别说是两样，即使二十样我也尽力照办。不知大师要哪两样东西呢？"

智昌大师带着赞赏的口吻说："施主你是沙村人，你们那里上沙大番薯、下沙大萝卜蜚声四方，正是我们寺里做斋菜的好食材。你下次来取药时顺便给我带那两样东西来，让我的徒弟都有机会品尝品尝。行吗？"

梁世福笑了起来："大师，我初时以为你要什么名贵的东西哩，原来你要的是我们家乡的土特产。"

潘银凤："我们家就种了不少大番薯，下沙村的大萝卜，随时可以过去取。"

梁世福朗声地："三天以后，我来这里取药时，就挑两大箩大番薯和大萝卜给你们。"

智昌大师："到时你可要收我的钱啊！"

梁世福认真地："大师，你冒着生命危险去悬崖给我采药，治我顽疾，大恩大德比天还高。我给你带一些自己种的土特产，如果收你的钱，那么我心里就会一世不得安乐了。"

智昌大师双手合十，施礼道："阿弥陀佛，老衲我代表全寺先谢谢你了。"

梁世福："大师，你还有什么话要吩咐的吗？"

智昌大师语重心长地说："你们要记住，一切福田，不离方寸；从心而觅，感无不通。"

梁世福的神经似乎被触动了一下，道："这两句话我似乎经常听，但不知出自何处。望大师指点。"

智昌大师眼睛晶光炯炯，以十分虔诚的口吻说："这是我们新兴的禅宗六祖惠能大师在《六祖坛经》的名言警句。”

“啊，原来如此？难怪这么熟悉。”梁世福脸上带着骄傲的神色，“惠能大师就是我们家乡附近的人。但我的文化水平不高，理解不深，希望大师再给我详细解释一下。”

智昌大师清了清嗓子，说：“一切福田是指一切世间的福德，也就是功德。方寸是指我们的心地。这句话的意思是：世间的一切功德福报其实都离不开自己的所作所为。从心而觅，感无不通是指真正找到自己的真心本性，没有什么不能感知而相通的！只有净化我们的内心，断恶除邪，勤种善果，那么就没有什么事不能想通的了。”

梁世福：“你的意思是说，我们回去后更要勤种善果，多种福田？”

“对！”智昌大师点了点头，“你们回去之后，不必为暂时没有子嗣这事整天忧心忡忡，精神颓废，否则会致精、气、神、肾全亏；应该直面人生，乐观开怀，这样才会精神愉悦，夫妻蓝田种玉，互相配合，方能得成正果。如无大碍，到了明年中秋前后，你们便应该有子女在怀了。”

梁世福一直高悬在心中的大石放下了，转过脑袋对妻子潘银凤说：“你回家后不必再焦虑了。大师说我们的喜事在明年中秋前后就会实现，只不过是一年多的时光，很快过的。”

潘银凤一直绷着的心弦也放松了，脸上露出平时难得的笑靥。

清风从天露山那边的山坳吹来，透过侧殿的走廊，吹到人的身上，让人精神为之一振。

梁世福才走到门口处，突然想起什么，转身走到智昌大师的面前，问道：“我再请教大师，假如我有了儿女，以后他们的前程又将怎样呢？”

智昌大师掐手指算了算，然后说：“施主，你的孩子乃灵猴托世。他极度聪明，但是生性顽皮。”

这七年多来，祈望生儿育女，梁世福和潘银凤有如大旱之望云霓，只要有儿女后继，就已满足，今听大师说他们的后代极度聪明，笑得合不拢嘴："大师，你是哄我们开心吧？"

智昌大师举起茶杯呷了一口，抬起头来："老衲我在这里驻锡的目的是帮人洞察愚蒙，解困纾难。我只不过是凭直观照说而已。贫僧岂敢欺天瞒人呢？"

梁世福："我还有一件事要请教大师，我姓梁，如果我内人明年生下的是女，该叫什么名好呢？"

智昌大师定睛想了想，回答道："叫梁金彩吧。"

"好呀，有金银，富贵；脸上又有光彩，"梁世福赞同地点了点头，继而引颈而问，"如果是男丁呢？"

智昌大师沉思了一会，朗声地回答："就叫梁文才吧！"

"梁文才？"梁世福巴眨着眼睛，直剖他的心里话，"你说以后我内人生下的如果是儿子就将他的名字叫作文才？"

智昌大师："是呀，就叫文才。"

梁世福脸有不解之色："大师，我这乡下佬，耕田耙田就有力气有本事，但斗大的文字识不了半箩筐，我是没有文化，也没有什么才华呀！"

一直旁听的潘金凤此时搭上话来："世福,你虽然没有文化,但我的妹妹银凤却是有文化的呀！"

智昌大师笑着指着梁世福，说："施主，你不识字并不等于你的儿子不识字，你没文化、没才华并不等于你儿子以后没文化、没才华呀！须知秋林新叶催前叶。"

潘银凤接上话来："流水后浪逐前波！"

智昌大师听后，笑了起来："哟，施主，看你夫人的文化不低呀！"

潘银凤被赞得脸颊也红了："我们在娘家时，父亲都很重视教我们姐妹学习楚辞汉赋、唐诗宋词的。"

"难怪你出口成章，"智昌大师指着潘银凤，说罢又指了指梁世福，"以后你可要向你夫人好好学习哩。"

梁世福的表情变得腼腆："是的，我老婆文化水平的确比我高，但犁耙耕田她比不上我了。"梁世福跌倒也要抓一把沙。

潘银凤脸上的笑靥似盛开的莲花："如果大师的话成真，这就算是我们半世修来的福报了。"

得偿所愿，心花怒放。梁世福再三向智昌大师道谢，悄悄地在寺里的功德箱里添了香油钱，然后与妻子高高兴兴地下山而去了。

日出日落，月缺月圆。光阴就像沙村前面大南河的河水那般慢慢地流去了。

不知是智昌大师的药方与梁世福有缘，还是天意注定，潘银凤回到奕祥坊不久就怀有身孕。

翌年秋天，金风飒飒，大地迎来了丰收的季节。

这年中秋之夜，墨蓝的苍穹上，月亮又大又圆。潘银凤十月怀胎，一朝分娩，就在中秋夜三更天给梁世福生下了一个肥肥白白的小男孩，笑得梁世福合不拢嘴，乐得他三天三夜也睡不着觉。

"我们上沙村奕祥坊又添男丁了！"这消息在上沙村不胫而走，上门来贺喜的村民踏破门槛。皆因梁世福的妻子潘银凤平日德行好，喜欢帮助别人，也就是说"广种福田"。还有一个特别的原因，就是他们这对夫妇在结婚八年后才喜得贵子，按农村的话来说，就是老树开花了。

一个月后，在乌鸦仔山东面的梁氏宗祠摆起了隆重的添丁满月上灯仪式。大红鞭炮放得震天价响，爆开的鞭炮纸屑有如瑞雪纷飞。丰盛的酒席摆满了偌大的梁氏祠堂，酒香在空气中弥漫着。面对着佳肴美食，村民们猜拳喝令，举杯畅怀痛饮，在一轮热闹的觥筹交错后，须发飘皑的老族长站在祠堂的高位上，当着众人的面宣布，上沙村又添了一位新丁，根据去年天露山智昌大师的提议，这小男孩的名字叫作"梁文才"。

从此以后，沙村奕祥坊就多了一个男丁梁文才；若干年后，新兴便出了一个蜚声四方的大状马咬耳。

三 师生互对显奇才

马咬耳的父亲梁世福虽然是一个老实巴交的农民，但他的娘亲潘银凤出身于书香门第，古典文学颇有造诣，唐诗宋词倒背如流。她知道如果自己的儿子没有文化，将来只能像丈夫那样永远在农村干着面朝黄土背朝天的农活，所以在马咬耳三岁开始，就教他背《三字经》，熟读唐诗三百首，四岁的时候就给他讲解宋词和对联以及古代文坛上的轶事趣闻。

有了良好的家庭教育，马咬耳从小就养成了对诗词歌赋和对联的浓厚兴趣，由此打下了很好的文学基础。

塱村是禅宗六祖惠能母亲的娘家所在。那里民风甚好，重文崇教，禅风袅袅，文气泱泱。而在塱村书塾执教的是远近闻名的李雨文老先生。

李掌教是一位走过江湖、吃过夜粥的人，年轻时曾在省城高等书院读过书，留在广州西关荔枝湾畔的学堂教过二十多年学，算得上桃李满天下。

李雨文常常以自己是禅宗六祖惠能母亲家乡的人而自豪。他知道，人生的竞争往往是文化的竞争，家乡的人尤其是下一代更需要文化的提升。故土难离的情结使他在五十岁那年便辞去了省城学堂的高薪工作，返回到家乡塱村执起教鞭。李雨文的两位同事也是六祖惠能的忠实信徒，跟随他到塱村来当教师。

有如此鼎盛的教师队伍，塱村书塾声名鹊起。塱村附近的村庄甚至县城的人都渴望将自己的子女送来塱村书塾读书。

沙村与塱村是一河两岸的村庄，所以沙村的小孩子更是近水楼台先得月，到塱村去求学。孩子们爱好读书蔚然成风。

李掌教如今已年逾花甲，个子高瘦，颧骨微凸，牙齿因吸烟太多而发黄，下颏留着三寸长的胡子，身上常常穿的是浅黑色长衫，戴着深度的玳瑁眼镜。他写得一手好字，方圆十里名声在外，逢年过节村民家门前的对联都是他执笔书写的。

李掌教对学生要求非常严格，如果上课时讲话或考评成绩太差，就会被他拿起教尺打手掌，罚在课堂上站立，放学后还要被罚留堂，在书塾里补做好作业才能回家去。但李掌教下课后视学生们如同自己的儿女，友好相处。

潘银凤平日笃信禅学，经常去国恩寺和天露寺烧香拜佛。马咬耳五岁时便被她送去塱村的书塾学堂读书。

小马咬耳天赋聪明过人，在就读的班里学习成绩名列前茅，得到的表扬比其他学生多；但他生性好动，调皮捣蛋，显露的劣根也比其他学生多，也受过李掌教不少严厉的处罚。

李掌教饱读古书，学富五车，经常向学生们讲述惠能如何从新兴出发，历经千辛万苦长途跋涉到湖北黄梅寺求法以及五祖传授法灯衣钵的励志故事。

这一天，李掌教在课堂上提问："惠能在黄梅寺有哪首偈语打动了五祖弘忍大师，将祖传衣钵传给他的呢？"

一位名叫苏月桂的女学生举手回答："那首偈语是，'菩提本无树，明镜亦非台；本来无一物，何处惹尘埃'。"

"答得对，"李掌教继续提问，"惠能圆寂后，给新兴的僧人托梦的偈语又是什么呢？"

小马咬耳没有举手就直接站起来抢答："那偈语是'任凭天下旱，此地一半收；任凭天下乱，此地永无忧'。"

"答得很对。"李掌教随即阐释六祖惠能那"应无所住而生其心"的顿悟禅学精髓。

李掌教讲得丝丝入扣，学生们听得津津有味。

名师出高徒。得到李掌教的循循善诱教导，在六祖惠能禅风思想的熏陶下，塱村书塾的学生素质明显比其他地方的学生更胜一筹。

李掌教还喜欢吟诗作对，对楹联更是情有独钟。他喜欢在课堂上向学生提问，经常随意出一个上联或下联要别人跟他回应。当别人答不出时，他就讲出来，再眉飞色舞地作解释，以此炫耀自己知识渊博。

眼见马咬耳他们要升上毕业班级了，李掌教便想通过与学生来一个对联互答，从中来检验自己的教学质量和学生们的学习情况。

阳光透过窗棂斜斜地照进学堂，学生们都端坐在里面。

李掌教眼睛往下扫了扫，讲出了这堂课的意图后，说："现在我出一个上联，你们来答下联。"

学生们："请老师出题。"

李掌教干咳了几声，拿起粉笔，在黑板上写出一个上联，他对着黑板一字一音吟诵出来："相思山脚并无一堆木。"

学生们没有人举手，更没有人开声作答。

李掌教知道小马咬耳平时学习成绩突出，对楹联也有一定的研究，便走到他身旁，道：“马咬耳，你能作答吗？”

小马咬耳点了点头：“既然是老师您点了我的名，那么我就来试一试吧。请问，应答您这对联有什么要求呢？”

李掌教指着窗外远处的山边，提出了他的要求：“凡是作联互答，上下联的词性和平仄都要相对。我上联的相思山是当地的。你回答的下联不能用其他地方的东西来作答呀！”他这个要求显得有点苛刻。

小马咬耳站了起来，透过窗户，放眼望去，不远处就是那条碧波荡漾的大南河，一条长长的石级从岸上伸到河边，见这景色，马咬耳的心扉被猛然地推开了，灵感涌上心来，顿时心中有数，走上讲台，拿起粉笔，将回答的下联写了出来，然后读了起来：“大南河边自有百步梯。”

小马咬耳这样作答并非偶然。因为他家所在的上沙村就在大南河畔。那里有一道用青砖铺就的一百级梯级，如同一道梯子从平地斜伸到大南河里，人们习惯把那梯级叫作“百步梯”。

“相思山脚并无一堆木，大南河边自有百步梯。”李掌教听后，仔细地推敲琢磨着，微笑着点了点头，“马咬耳，这一回算你答得对。”

见得到李掌教的称赞，小马咬耳得意地：“老师，我觉得你所出的联子并不难。”

李掌教见小马咬耳这样回答，似乎有点儿轻薄自己的味道，仄头想了一下，深度眼镜后面眸子闪碌过后，说：“既然你说这副对联不难，那么，我就再出一副难度大一些的给你们，看谁应答得上来。好不好？”

在座的学生大多数有自知之明，所以不敢吭声，有个别平日学习成绩较好的在跃跃欲试，道：“请老师出联吧。”

小马咬耳：“是呀，请老师出联吧。”

李掌教眼睛望着窗外，此时正是春光明媚，蓝天白云。燕子呢喃，贴着水面飞翔，桃红柳绿，春水回环，到处都是一派春耕的忙碌景象。在百步梯不远处，摆着几架水车，有农夫踩着水车的脚踏在车水。随着水车脚把的转动，河里的水“哗啦”“哗啦”地被水车的页片带到水田上来。李掌教的心弦似乎被什么弹拨了一下，道：“有了，有了。”

小马咬耳：“望老师出题。”

“水车车水车车转。”李掌教手捋着下颏的花白胡子，讲出这上联，并且用粉笔在黑板上写了出来。

学生一字一音地读了起来：“水车车水车车转。”

坐在第一排叫“肥仔华”的小胖子忍不住问：“老师，这个联子才有七个字，但是‘车’字已经占了四个，该怎么读，又该作何解释呢？”

李掌教眼睛往四下扫了扫，轻轻地咳了一声，清了清嗓子，用手指点着黑板上所写的上联要点作解释：“这上联里面有四个‘车’字，但里面的词性各有不同。第一个‘车’字是名词，第二个‘车’字是动词，而后面那两个‘车’字也是名词。还有第一个字与第四个字要相同。所以你们出来配对这楹联的时候，不但要反映农夫们当前春耕的生活，而且各种词性也要相对应。”这副对联，在李掌教的眼里看来，几乎成了绝对，别说这些乡村学生仔，即使城里的教师先生也难答得出来。

“哟，这太难了。”在座的学生听后，各自挠头搔脑，你望着我，我望着你，都答不出话来。

李掌教特意走到小马咬耳身旁，说：“你这个聪明仔，能答得出来吗？”

李掌教这副对联出得实在太巧妙了，要求也是极度严苛。似乎在表扬小马咬耳，其实是当众给他施加压力。

小马咬耳两眼定定地望着黑板上的上联，此时不是咬耳，而是用牙齿咬着嘴唇了，心中的潮水在不停地翻滚着。那双眼睛望着窗外，近处，有农夫扶着犁耙在犁田或耙着水田。更远地方的几块田地里，有大水牛拖着圆圆的大田辘在辘田，以此来将犁起来的田地压平。田辘转动时滚轴相压，发出了“吱吱”的声音，春风吹来，犹可听到。

小马咬耳眼珠一转，灵犀所至，一直绷紧着的脸庞松弛开来，轻轻地拍着脑袋，说：“有了，有了。”

李掌教半信半疑地盯着他：“马咬耳，你想到了什么？”

小马咬耳尚没有正面回答，而是指了指窗外，反问道：“老师，您看到了什么？”

李掌教循着他的所指望去，见外面田野上有不少村民在自己的田地里忙碌着，平和地：“近处有人在犁田，有人在耙田。远处有人在辘田哩。”

“我应答的下联就是关于辘田的。”小马咬耳提高了声音，“田辘辘田辘辘声。”

“田辘辘田辘辘声？”李掌教听后在琢磨着，“马咬耳，你上讲台来把你说的下联写到黑板上来。”

“好的。”小马咬耳应声后，离开座位，走上讲台，拿起粉笔，随着粉笔的屑末纷纷飘落，小马咬耳将所答的下联写在那条上联的下面。

众学生放眼望去，黑板上，上下联整齐相对，形成了一副完整的对联。

李掌教：“马咬耳，你当众解释一下你应对的下联吧。”

“老师且听，”小马咬耳手指着刚写好的下联，不慌不忙地作解释，“第一个‘辘’字，指那圆圆的田辘，是一个名词，第二个‘辘’字，是辘田的动作，所以是一个动词，后面那两个‘辘’字，也是名词。并且此联第一个字和第四个字都是‘田’字。老师，您要求的楹联一定要反映农活的，现在我的回答是不是各样都符合您的条件了呢？”

小马咬耳这对联应答得可谓是十分精准，李掌教觉得这个学生的天赋非同凡品，定睛思索了一会儿，说：“这副对联，上下联各有七个字，太短了，当然容易应答。我出一副长一些的，大家认为怎么样？”

学生们都是喜欢凑热闹的，所以不约而同地叫道：“好的。”

李掌教故意向着小马咬耳问道："你认为呢？"

小马咬耳："老师出题，学生回答，这是课堂上的分内事。我们正好有机会听老师教诲哩。"

"好的，你们留心点。"李掌教言毕，将他出的联子用粉笔在黑板上写了出来，然后摇头晃脑，指着黑板上的字，一字一音地吟诵出来，"牛头煲，煲牛头，牛头煲裂牛头煲。"随后，李掌教便解释这个联子里独到的地方和应答的基本要求。

牛头煲是一个煲汤用的炊具，用它来煲牛头，这是农村家庭常有的事。这下联，前后用了四个"煲"字，同字同音却是不同的词性：前面那个与后面那个"煲"字是名词，里面第二与第三个"煲"是动词。如此深奥的下联，别说是叫这些乳臭未干的小学生当场应答，即使叫县里的秀才绞尽脑汁当场作答也未必能够有好的答案。

听到李掌教的解释与回答要求后，学生们面面相觑，一个个摇着脑袋，表示无奈。

李掌教用手轻轻地敲着小马咬耳的课桌，问道："马咬耳，如果你答对了，我就给你特别奖励，免收你下学期的学费。"

"免我下学期的学费？有这么大的青蛙随街跳？"小马咬耳一脸认真地，"老师，你讲这话算不算数？"

李掌教的脸色严肃："我一向是牙齿当金使。现在当着这么多学生的面，我怎会食言呢？"

为了筹措这个学期的学费，马咬耳知道父亲与母亲东凑西借，好不容易才凑够钱让自己进这学堂来。现在听到如果答对了那对联可以免去自己下学期的学费，他当然是喜形于色，拍了拍手掌，连声叫道："这太好了，太好了。"

李掌教的脸色马上变得冷若冰霜："须知道，有奖就必然会有罚。如果你答不出来，或者答错了，就要处罚。"

小马咬耳："怎样处罚？"

李掌教拿起教桌上摆着的鸡毛扫晃了晃，脸色阴沉地说："如果答得不好，就要用这鸡毛扫在你的手心连打三下。"

别看鸡毛扫小，但那藤条打到手心火辣火辣的，令人痛彻心脾。面对着这惩罚条件，小马咬耳却胸有成竹，朗声地回答："行、行、行！如果我答得不好，学生我愿意在同学们面前当场受罚。"

同学们嘴巴不说，但心里暗地替小马咬耳捏了一把汗。

李掌教："你应答的是什么内容？"

小马咬耳指着李掌教手上拿着的那支鸡毛扫，说："它。"

"鸡毛扫？"李掌教吟哦了一会，对小马咬耳说，"你将应答的联子写到黑板上去。"

"好的，"小马咬耳离开座位，走上讲台，拿起粉笔，龙飞凤舞地在李掌教的联子上面写了一行字，然后朗声地读着："鸡毛扫，扫鸡毛，鸡毛扫烂鸡毛扫。"

李掌教对着黑板的那行字，一边读一边琢磨："鸡毛扫，扫鸡毛，鸡毛扫烂鸡毛扫……"

鸡毛扫是一件日常生活用具，常人用它来打扫卫生，掌教用它来惩罚学生。这联里前后共用了四个"扫"字，同字同音却是不同的词性：第一个与最后一个"扫"字是名词，中间第二与第三个"扫"是动词。小马咬耳回答的这个上联跟李掌教所出的联子，无论在文句、词性，还是平仄的使用上，应对得可谓是天衣无缝。

李掌教反复吟诵了小马咬耳所应答的对子，细心品味一番后，内心在惊叹："想不到马咬耳这么小的年纪，竟然能够将对联答得如此贴切。"

李掌教用手轻抚着小马咬耳的脑袋，啧啧地赞扬道："马咬耳，你答得太绝了，你真是个状元才也！今天这些对联以后可以成为教科书里的一个典例哩。"

四 合伙捉弄女同学

这个周末，阳光和煦，春风吹拂，燕子在头顶盘旋，欢快地追逐嬉戏。

李掌教带着学生们到四周郊游踏青。

阡陌与水网纵横交错，田野里农夫正在春耕，大地是一派生机勃勃的景象。

李掌教带着学生们一边观看春天的田园风光，一边对照春天的景物讲解着唐诗宋词里有关春天的诗词佳句。

讲解了几首诗词后，李掌教便让学生们自由活动了。

孩子们一路上又追又闹，嘻哈大笑，玩得十分开心。

有位女同学名叫苏月桂，年约十岁，上沙村聚龙坊人。女孩子发育比男孩子要来得早一些，所以她的个子比小马咬耳高出了半个头，长得胖嘟嘟的。苏月桂的性格历来沉稳老实，不爱多言。这次郊游踏青一直走在小马咬耳的前面。

走着，走着，来到一大片田野上，小马咬耳听到苏月桂小声地跟身旁的女孩子苏雪莲说：“糟糕，雪莲，我现在很急尿了。”

苏雪莲不解地：“月桂，怎么会这样呢？”

苏月桂讲出了其中的原因：“我今天在家里喝了很多水，临出屋时我娘亲又叫我吃了一碗番薯糖水。”

苏雪莲：“啊，原来是这样。”

她们四周是一望无垠的田地，纵横交错的水渠将一块块田分割成豆腐块，有的水田正有农夫在赶牛耙地；有的水田已经犁耙好，放了水，形成了一个个的镜面，等待人们来插秧。附近连大树也没有一棵，更没有可以用来遮蔽身子屙尿的灌木丛。

苏雪莲拉了拉苏月桂的衣袖，再扬手往四周画了一个圈，说：“你看看周围，除了水田，灌木也不多一棵，没法找到可以屙尿的地方，你就只能忍着吧！”

苏月桂的话语有些焦虑：“我娘亲曾经跟我说过，忍尿是会忍坏身子的。”

“我也听大人讲过，忍尿的确是会忍坏身子的，”苏雪莲叹了一口气，鼓励她，“事到如今，别无他法，你不想忍也得强行忍了。”

苏月桂与苏雪莲这两个小女孩讲话的声音虽然细小，但被一直跟随着她俩后面走路的小马咬耳听得清清楚楚。

小马咬耳听到女孩子连声叫“急尿”连忙用手捂住嘴巴，不让自己笑出声来。他的眼睛骨碌骨碌地转了几下，一条屎坑计就涌上心来，他拉了拉走在身旁的肥仔华的衣角。

肥仔华领悟点了点头，便与小马咬耳故意放慢脚步，落在后面。然后，小马咬耳把嘴巴凑近肥仔华的耳朵，跟他嘀咕着什么。

肥仔华长得肥肥白白，头大颈粗，年纪小小却是肚腩大大。他是小马咬耳的邻居，所以两人一起背着书包到塱村的书塾上学，又一同放学回家，平时经常和小马咬耳在一起玩耍。

有道是近朱者赤，近墨者黑。平日的耳濡目染，小马咬耳的恶习对肥仔华也造成了一定的影响。肥仔华表面看来憨厚蠢钝，其实也有一肚子的鬼点子。现在小马咬耳在他耳边讲出自己的主意后，肥仔华听后笑了笑，不假思索便点头答允了。

小马咬耳与肥仔华立即加快脚步，在田野小路上越过了苏月桂与苏雪莲，走在那两位女同学的前面。

走着，走着，肥仔华装模作样地用手捂了捂小腹，一边走，一边大声地对小马咬耳说："马咬耳，我现在很急尿，但现在没有地方可以去解决呀！"

小马咬耳一边走，一边回答："你就忍一忍吧。"

肥仔华向前走了十多步，苦着脸："忍尿是会忍坏身子的。唉，我已经忍了很久，实在受不住了，你得替我想想办法呀！"

小马咬耳："我听大人说，在急尿时有一个民间秘方可以自行解决。"

肥仔华催促着："有什么民间秘方呢？快点告诉我！"

小马咬耳一本正经地："你拔根头发，放进自己的鼻孔去，轻轻地撩动几下，你就会逐渐觉得不会尿急了。"

肥仔华有些不相信："这么容易就能够解决问题，是不是呀？"

小马咬耳口气肯定："骗你是小狗，我自己在急尿时曾经试过几次，百分之百灵验。"

"好，我来试一试。"肥仔华说话间伸手从自己的头顶拔下了一根头发，只是放到鼻子前面，却没有放进鼻孔里，只是整色整水地在鼻尖前来回撩动着。

这个时候，苏月桂和苏雪莲把小马咬耳和肥仔华的对话全都听进耳里，但她俩此时是跟随在小马咬耳和肥仔华的身后，所以对肥仔华所做的虚假动作根本没法看得见，对他们的骗局更加无法识穿。

肥仔华拿着头发在鼻尖前装模作样地弄了一会儿，便说：“哟，马咬耳，你这一着真是十分灵验，我现在尿也不急了，整个人好像豆腐渣跌落水——周身都松了。”

小马咬耳笑着拍了拍肥仔华的肩膀，说：“肥仔华，我教你这一着，救了你的大急。明天你要请我到‘真食的’去买酸味吃。”

肥仔华频频点头：“好，好，明天我请你吃酸萝卜和酸荞头。”

小马咬耳：“一言为定，不可反悔。”

肥仔华伸过右手，食指弯曲，与小马咬耳勾了三下手指。

肥仔华这次被小马咬耳教唆而为，两个小孩子配合演戏可谓珠联璧合，天衣无缝。

苏月桂与苏雪莲一直跟随在小马咬耳与肥仔华背后走着，所以前面两个调皮鬼故意讲的话让这两个纯真而幼稚的小女孩全听入耳朵里去了。

见肥仔华说这一招十分奏效，苏雪莲小声地问苏月桂：“你现在还尿急不尿急呢？”

苏月桂苦着脸：“急，而且是非常急哩！”

苏雪莲自作聪明地：“马咬耳教肥仔华的这一招你可以偷师了。”

“好的。”被尿急折磨得十分难受的苏月桂见这一招可以为自己解除困境，便来个有样学样了，悄悄地拔下自己的头发，放进鼻孔里，来回撩动着。

头发撩鼻孔，便会直接刺激鼻腔的敏感部位，苏月桂忍不住接连打了两个喷嚏，与此同时，她腹部的憋气顺着丹田往下一顶，一直强忍着的热尿全都拉了出来，把她的裤裆都弄湿了一大片。

苏月桂不由自主地叫了一声：“糟糕！”

苏雪莲侧头而问：“月桂，你怎么啦？”

苏月桂：“我的尿全出来了。”

苏雪莲低头望见苏月桂的尿液已湿了大半边裤裆，一阵臊味刺鼻而来，道：“怎会这样呢？不是说用毛发撩鼻孔可以止住忍尿的吗？”

见自己设计的恶作剧得逞了，小马咬耳则“哈哈”大笑，拖着肥仔华朝前奔跑而去了……

这个时候，苏月桂才知道上了小马咬耳与肥仔华的大当，忍不住“哇哇”地放声大哭起来。

带队出游踏青的李掌教听到哭声后，向苏雪莲问明缘由，大为恼火，便要找马咬耳与肥仔华当场训斥，但此时他俩早已消失得无影无踪了。

傍晚时分，李掌教亲自来到沙村奕祥坊，向小马咬耳和肥仔华的父亲进行投诉。

翌日早上，小马咬耳又约肥仔华一同上学。

路上，肥仔华苦着脸向小马咬耳诉说：“我昨晚被父亲用竹条狠狠地揍了一顿。”

马咬耳：“我也是。”

两人各自拉起裤筒，他们的小腿都凸显出一条条紫黑色的鞭痕。昨晚，这两个调皮鬼都各自吃了父亲给的一顿“黄鳝煲猪脚”。

五 两孩施计惩双煞

明天就是周日了，加上近来天气奇冷，天色黑得早，塱村书塾的李掌教决定今天提早一些放学。

学生们如同出了笼的雀鸟，背起书包高高兴兴地离开书塾，各自散开回家去了。

在过了大南河上的木桥后，小马咬耳发现苏月桂一边走来一边偷偷抹着眼泪，就追了上去，问道：“月桂，你今天怎么啦？”

苏月桂摇了摇头：“没……没什么呀！”

小马咬耳指着她的眼睛：“你的眼睛哭得布满了红丝，

还说没什么？”

小马咬耳观察得真仔细，苏月桂一时不知怎样去回答，只是支吾着：“这……这……”

小马咬耳：“是不是有人欺负你了？上一回我与肥仔华弄得你当众撒尿出了丑，是我俩不对。那一天我和肥仔华回家亦挨了家人一顿痛打。如果这次有人欺负你，我和肥仔华就会替你出头给他点厉害看看，这也算是将功赎罪吧。”

苏月桂牙齿咬着嘴唇好一会，才吐出真情来：“没人欺负我，我难过是因为我父亲得了病。”

小马咬耳吃惊地：“啊，你父亲得病，重吗？”

苏月桂的脸色阴沉：“很重，他发高烧一连几天都不退。”

小马咬耳：“怎会突然得这种病呢？”

苏月桂回忆道：“我父亲自从那天在山上砍柴，归途时想不到天突然下起大雨来。他冒着大雨奔跑回家后就病倒在床边，一直发着高烧讲着胡话，用手摸去，觉得他全身热得烫手。”

小马咬耳作分析：“可能是挑柴回家时已经满身大汗，又被冷雨水兜头兜脑淋了一顿，所以得病了。你们怎不找郎中去看看呢？”

苏月桂诉说道：“找过了。娘亲去请附近的郎中前去诊病开药，我父亲服了五六包药仍然不见高烧退去，病情不见好转。”

小马咬耳用脚跺着地面，着急地：“那得再想办法去医呀！耽误久了就不好办了。”

苏月桂叹了一口气，说：“所以，今早我娘亲叫鬼虪婆来我家看过，鬼虪婆在父亲的床头转了一圈后，说我父亲上山撞了邪。说她自己的本事有限，要请高人前来方可治邪解救。”

小马咬耳：“请高人？请什么高人呢？”

苏月桂：“那个鬼虪婆说县城附近有一位叫阿棠的喃呒棠本事极大，

作起法来，能够上通天庭，下达阴曹，呼风唤雨，驱鬼治邪，能医百病。说请那个喃呒棠明晚来我家里施法。”

“治邪驱鬼？”小马咬耳从鼻孔里哼了一声，“我曾经听李掌教讲过，那些鬼乸婆和喃呒棠所谓替人消灾，其实都是整色整水骗人钱财的。我看这回一定是鬼乸婆和那个喃呒棠串通来行骗的。你们可千万别相信。”

“我一个女孩子做不了主。我娘亲见父亲吃了药仍然不见病情好转，所以这是没有办法的办法了。”苏月桂说着又忍不住流下泪来。

小马咬耳一时间不知如何用语言来安慰对方，沉吟着：“这……”

“总之，是我命苦就是了。”苏月桂叹了口气后，抹着眼泪径直回家去了。

小马咬耳望着苏月桂远去的背影，搔着小脑瓜，凝定眼睛在想办法，好一会，一个想法浮上了他的脑海，用拳击掌，自语道：“有了。这一回又要找肥仔华来拍硬档了。”

当天，小马咬耳放学回家要经过鬼乸婆的家门口，见有人提着两只兔子从她家里出来，小马咬耳望见这鬼乸婆的门口挂着一个方形的大招牌，上面书写着：本屋有大量兔出卖。

这个鬼乸婆叫阿婵，人叫她作鬼乸婵。并不是天天都有人请鬼乸婵去驱鬼的，所以鬼乸婵家里的主业还是养兔子卖。

鬼乸婵的丈夫是养兔能手。皆因她家后面有一大片草地，周围也有很多草料的资源，她们无须为缺乏饲料而操心。她家养了几百只兔，养出的兔子又大又肥。所以平日有不少顾客登门前去采购。

小马咬耳见肥仔华走在前面不远处，便追了去，说：“苏月桂的父亲病了。这个鬼乸婵长期与喃呒棠互相勾结，利用所谓作法事治邪驱鬼，要手段骗别人钱财。这一次又要到苏月桂家行骗，苏月桂一家以后的生活不知怎样过。”

肥仔华："这鬼嗞婵自家养兔子已经那么好生意，讲得上是丰衣足食了。还不知足，现在又想方设法诓骗人，真没良心。"

小马咬耳："对这种人，我们要想个办法整蛊整蛊她，替苏月桂她们家出口大气。"

"是呀！是应该设法整蛊一下她，"肥仔华赞同道，"马咬耳，你平日计仔最多，你想想办法吧。"

小马咬耳走着，走着，眉头一皱，计上心头，便把嘴巴贴着肥仔华的耳畔，小声地说："肥仔华，我有主意了。我们今晚就……"

小马咬耳向肥仔华讲出了他的主意。肥仔华在街上笑得肚子发痛，要用手紧紧地捂着肚子，大笑过后，说："好，今晚就照你的去办。"

北风呼啸，寒气迫人。暮霭逐渐笼罩着大地，天色黑了下来。

两个小身影从村头那边闪了出来，来人是小马咬耳和肥仔华。小马咬耳回家拿来了他俩准备作祟的笔和墨。

此时村道上并无行人，肥仔华负责"看风"，小马咬耳拿着笔墨蹑手蹑脚地来到鬼嗞婵的家门口。见大门紧闭着，估计此时此刻，鬼嗞婵与丈夫正在屋里忙着，便执笔蘸墨，将招牌上写的"本屋有大量兔出卖"中的"兔"字加了笔墨，改为"鬼"字。这么一来，鬼嗞婵屋门口的大招牌便被改为"本屋有大量鬼出卖"。

翌日早晨，东方放出了鱼肚白，人们逐渐开门忙自己的事了。

有人经过鬼嗞婵的家门口，突然见到这么另类的招牌，忍不住哈哈大笑。笑声惊动了其他路人，问起原因，他们便驻足在招牌前指指点点。很快，就有更多的路人围在鬼嗞婵的家门口议论纷纷，有些人忍不住捧腹大笑。

鬼嗞婵今天起了个大清早，正在后院用草料喂着兔子，忽然听到外面人声嘈杂，连忙开了大门，从屋里走出来，见大门口围着一大堆人在看热闹，便问："你们在我家门口嘈嘈吵吵，这是怎么一回事？"

有位叫阿德的路人走上前来，指着她家门前的招牌，故意诣趣地问：“阿婵，你们家卖的鬼是多少钱一斤呢？”

鬼嬎婵瞪大了她的金鱼眼：“喂，阿德，谁说我家里有鬼卖呢？你不要在这里讲疯话！”

“我不是说疯话，是你自我标榜的。”阿德指着挂在她门口的那个招牌，说，“你自己看一看吧。”

阿德这番话，引得在场的百姓哄堂大笑。

见阿德这样讲，鬼嬎婵扭过头来，望了望门口所挂的招牌读去：“本屋有大量鬼……”读到那个“鬼”字，她再也不敢读下去了，气得连忙将招牌取下来，拿回屋内，扔在一隅。

鬼嬎婵返回屋里，自叹倒霉。显然，是有人故意拿笔改了自己门口这招牌，但一时间却不知道这恶作剧究竟是谁人所为。

傍晚，家家户户都冒起了炊烟，人们都关门闭户在家里忙着。

喃呒棠和鬼嬎婵来到沙村苏月桂的家。

小马咬耳约好了肥仔华在村口的大榕树下等候着，悄悄地尾随着喃呒棠与鬼嬎婵，见他俩进了苏月桂的家。小马咬耳与肥仔华就躲在窗外观看屋里的情况。

喃呒棠进屋后，到病床前低头望了望苏月桂的父亲，再到屋子里的每一个角落都察看一遍，在香炉前插上三炷香烛，闭起双眼，喃喃自语了好一会，装模作样地手舞足蹈了一番，然后睁开眼，对苏月桂的娘亲说：“我刚才已经到阴曹与阎王对过话，说你丈夫那天上山撞了阴煞，如今被冤鬼缠身，如果不及时解救，再过三天，他就要命丧黄泉。”这一下，吓得苏月桂和她娘亲魂飞魄散，连忙哀求喃呒棠施法救命。

喃呒棠对苏月桂的娘亲说：“要救你丈夫不难，但是要以钱赎命。”

苏月桂的娘亲急切地追问：“怎样才能以钱赎命呢？”

喃呒棠伸出了三只手指，说：“我要连续三天到你家来作法，除了你要包我俩吃足两餐外，还要代你将钱派给天神和蹲守在奈河桥的小鬼，让他们将你丈夫在奈河桥边拦住，带他返回阳间来。”

苏月桂的娘亲惊惶地问：“那么，需要多少钱呢？”

喃呒棠装出怜悯地：“一般富裕人家，起码要五十两白银；我知道你们家里穷，刚才跟小鬼们讨价还价，打了个两折，就十两白银吧。”

十两银对于大财主来说算不了什么，但是对于有上餐没下餐的苏月桂一家来说，可说是一个天文数字了。

苏月桂的娘亲听到喃呒棠讲出这个价后，紧张得脸上的肌肉抽搐了几下。沉思片刻后，她觉得为了救丈夫的命，就是倾家荡产也要在所不惜了，便咬着牙关，狠下决心，说道：“那么，我就卖掉家里的那两头大猪和全屋所养的鸡鸭，再向亲朋好友借一些，估计合起来差不多可以凑足十两白银了。”

“那么，就一言为定。在神灵面前，作出的许诺是不得反悔的！”

苏月桂的娘亲：“这个我知道。”

喃呒棠听后大喜，说：“我做请神驱鬼的事需要耗费很大的精力，你今晚先宰一只鸡让我们饱餐一顿才行。”

苏月桂的娘亲连连点头：“宰鸡让你们先饱一顿，这事容易办得到。”言罢，就去后院捉鸡，在厨房忙了起来。

说实话，苏月桂一家平日哪里舍得杀鸡来吃呢？那些小鸡长大后就拿到沙村的墟集去卖，再买回一些日用品。现在为了救自己的丈夫，这位纯朴的农村妇女不顾一切了。

喃呒棠与鬼乸婵狼吞虎咽地饱餐一顿后，打了好几个嗝，用手捶打了胸口一会儿，好不容易才平复下来。

外面天色齐黑，喃呒棠的老鼠眼向鬼乸婵瞟了瞟。

鬼乸婵才煞有介事地宣布道：“到钟点了。现在大师开始作法驱鬼了。”

喃呒棠穿起了带来的长袍，整理了一下，拿起铜铃，猛地摇了几圈；又拿起叮叮，敲了几下，在屋内转了三个大圈；继而一边口中念念有词："天灵灵，地灵灵，太上老君快显灵。一笔天下动；二笔祖师剑；三笔凶神恶煞去千里外……"

念过咒语后，他们又拿那些黄色的符在屋里的各处贴了起来。

小马咬耳在窗外将这些都看在眼里，把肥仔华拉到远处，道："这喃呒棠和鬼嫲婢狮子开大口，下手实在太凶狠了。以后苏月桂家的日子就更难过的了。"

肥仔华心急地："是呀，我们马上按你想好的办法去行事，狠狠地整治一下他们。"

于是，小马咬耳和肥仔华连忙离开，去准备他们下一步的行动。

随后，喃呒棠手舞足蹈一番在作法，那样子就像一个疯子在跳舞，然后煞有介事地向苏月桂的母亲说："我刚才已经请了天神二十八宿替你家驱赶那个缠身的冤鬼。你大可放心，我今晚开始一连三晚替你念咒符驱鬼，你丈夫的病就会逐渐好起来了。"

夜深了，村子巡夜的更夫敲响了报二更的梆子。

"得！""得！"梆子声在黑暗而寥廓的夜空中回荡。

喃呒棠作法完后，与鬼嫲婢出了苏月桂家大门口，分手回家。

喃呒棠回家必然要经过上沙村的乌鸦仔山，小路旁边就有奕祥坊先祖梁宗秀的坟墓。

墨黑的苍穹有如一个倒扣的黑锅，天上残月不时被流云遮掩，时明时暗，星光暗淡。大地被夜之神的羽翼无情地覆盖着，四周的山野都是黑漆漆的一片。

时值寒冬，北风"呼""呼"地猛吹，卷起地面的落叶。乌鸦仔山上的花草树木被大风吹得摇曳不定，在夜色下变得影影绰绰，神神秘秘。

树林里传来阵阵"呜！""呜！""呜！"的叫声，宛若垂死病人的呻吟叫声，令人听后毛骨悚然。其实这是猫头鹰夜晚出窝觅食时的叫声。

大风吹进竹林，竹枝与竹叶之间互相摩擦，发出了“沙！”“沙！”“沙！”的响声，在大黑夜里，各种声音的混杂，显得既怪异，又恐怖。

小马咬耳和肥仔华穿着用白纸糊成的宽大衣服，头上顶着用白纸做成的尖顶高筒帽，肥仔华手拿着一根竹竿，上端绑着一白布，做成了招魂的白幡。两人蛰伏在大南河那边的灌木丛后面。他俩的右前方有个高一尺多的树墩。

喃呒棠提心吊胆地在布满野草的小路上走着。

小马咬耳见喃呒棠走到离梁氏祖坟还有两丈远的那棵百年大樟树下，认为时机已到，捏着喉咙，装扮成女鬼发出“咿吔”“咿吔”的哭叫声，断断续续，上气不接下气。

喃呒棠在山中坟墓不远处突然听到女子怪异的哭声，遁声望去，见靠近大南河那边的树丛中有一个白色影子在晃动，一股寒气从心坎蓦然上升，很快浑身冒起了鸡皮疙瘩。“是不是自己心惊看花了眼？”喃呒棠用力地揉了揉眼睛，猛地眨了眨，再定神望过去。

此时，小马咬耳从灌木丛后闪了出来，张开了双手抖动着。

喃呒棠见那个白色的影子伸开了毛翼，一边拍翅，一边号哭。

喃呒棠这时确证自己没有眼花，但还心存疑念：“自己替人捉鬼那么多年，难道这一回真的遇到了鬼？”他强行按捺着自己的心惊，口中念念有词，那是他用来作法驱鬼的咒语：“角亢氐房心尾箕，斗牛女虚危室壁。奎娄胃昴毕觜参，井鬼柳星张翼轸。”

喃呒棠念过驱鬼咒语，那个“鬼”不但没有被他念的符咒吓得返回阴间，反而两只翅膀抖动得更厉害，并有向自己猛扑过来的姿势。

喃呒棠拍了拍自己的胸口，强作镇定，大声吆喝：“你是人还是鬼？是人别来吓我，如果是鬼你就长高一些。”

小马咬耳听了以后，双脚往地一顿，来个纵跳，跳上了旁边的树墩，踮起了脚尖。

树墩被野草遮蔽着，所以从喃呒棠的角度望去，那个“鬼”真的长高了。

喃呒棠顿时汗毛直竖，用手猛拍自己的胸口，尽量压住惊惶，再叫：“是鬼会出双入对，怎么只有你孤身一个？”

小马咬耳用脚轻轻踢了踢肥仔华，示意他闪身出来。

躲在灌木丛后面的肥仔华得到指令，马上跳了出来，还将那顶端绑了白布条的竹竿——招魂幡来回摆动，发出尖厉的鬼叫声。

两种不同声调的“野鬼”哭叫声彼起此伏，交相混杂，在这山中的冬夜里，显得特别恐怖阴森。

小马咬耳把脚往木墩上跺了跺，然后做了一个往前踢的动作。

肥仔华领悟地点了点头，马上按照原定的计划行事：右手往身旁准备好的那堆沙抓去，使劲地朝着喃呒棠扔去。

飞散的沙粒有的打在树叶与草丛上，发出了“沙”“沙”的响声。

沙粒接二连三地击打到喃呒棠的脸上与身上，还有几粒沙扔进了他的眼睛里。

“哎哟，鬼撒沙了！今晚真的遇到鬼了！”喃呒棠虽然去别人家里“捉鬼”捉了十多年，但还是头一回遇到在荒山上的两个“野鬼”。

在乌鸦仔山的梁氏祖坟前听到如此恐怖的声音，亲眼看见两个“野鬼”现身，又遭到那“野鬼”撒过的沙粒袭击，本来强作镇静的喃呒棠变得心惊肉跳，吓得双脚发软，两片嘴唇碰磕颤抖着，再也讲不出话来。此时此刻，喃呒棠不顾一切了，拔腿就跑。他跑得越快，后面那“沙！”“沙！”的响声就越急促，加上装在布袋里铜铃和叮叮互撞的杂音，令他越发觉得恐怖。他慌不择路，一脚高时一脚低拼命跑着，最让喃呒棠惶惑的是：自己拼老命跑了老半天，却又跑回到那棵大樟树下面。

“这是怎么一回事？”其实，这就是人们常说的“鬼打墙”或“鬼迷路”现象。因为人的两条腿长短和力量是有差别的，这样惊慌失措地跑出来的步伐长短距离自然就有差别。而这个喃呒棠，他的左腿每次跑出来的步子距离比较长，右腿跑出来的步子距离比较短，所以跑着，跑着，积累下来，便是跑了一个大圆圈，跑回原地了。

这么一来，喃呒棠更是惊惶，又再拔腿猛跑。忽然，路上的树根将他的脚下一绊，他被绊得摔了个跟头，脑袋碰到路边的一块石头上，额头马上冒起了一个大疙瘩，跌倒在地上，痛得他龇牙咧齿叫痛。

喃呒棠坐在地面喘着大气。风吹树林的呼啸声更助长了厉鬼的哭叫声，大小不一的沙粒从那边的“野鬼”处不断撒了过来，打在他的脸庞和身上，觉得特别痛。

“如果再在这里拖延，那‘野鬼’扑将上来，自己要想脱身就来不及了，三十六着，溜为上着。现在只能是自己救自己了。”喃呒棠想到这里，不顾一切，用手按着地面，挣扎着爬起来，装着铜铃和叮叮的布袋丢在小路草丛中，他也顾不得捡了，撒腿拼命朝前跑，只恨爹娘给他生少了两条腿。

令喃呒棠更失魂落魄的是：他在逃跑时，后面那两个“野鬼”也尖叫着追赶而来。

喃呒棠夺路狂奔，终于逃出了乌鸦仔山，沿田间小路上跌跌撞撞地跑回家去。当他掏出钥匙时，上气不接下气，喘得要命，连拿钥匙的手也颤抖得厉害，加上天色太黑，弄来弄去也没有办法将钥匙插进锁孔里，只好猛拍大门，高声大叫：“老婆，快快开门！老婆，快快开门！”

喃呒棠老婆见今晚丈夫外出作法，比平时迟了那么久还不见回家，焦躁地在屋里踱着步，忽然听到喃呒棠的叫声，便快步走出院子，将大门打开。

大门刚打开，喃呒棠即抢步进屋，马上返身把大门关上，急忙插上门栓。

喃呒棠老婆忽然见喃呒棠这副惊慌失措的样子，奇怪地问："阿棠，今天为什么这么晚才回来呢？"

喃呒棠在山中被"野鬼"折腾了半夜，身心疲惫到了极点，对老婆的问话并不作答，快步冲进房间，连鞋也不脱，就躺到床上，用棉被把头蒙住。

喃呒棠老婆紧接着追进房间，来到床沿，一把掀开棉被，问道："阿棠，刚才究竟发生什么事情，害得你如此的惊慌？"

在晃动的油灯映照上，喃呒棠脸色惨白如纸，讲话变得结结巴巴："我……我今晚遇到野鬼……鬼……"

喃呒棠老婆没好气地说："咳，我以为天塌下来了，原来是这件事，你平日不是专门给别人捉鬼的吗？你肯定是看花了眼。"

"绝对没有看花眼，"喃呒棠惊魂未定，口气十分肯定，"那两个野鬼不但会哭会叫，而且还会向人撒沙，打在我的脸上觉得好痛哩。"

"啊，真的有那么一回事？！"喃呒棠老婆打了一个寒噤，追问道，"你今晚是在哪里遇到两个野鬼呢？"

喃呒棠将手伸出被窝，指往乌鸦仔山的方向："在乌鸦仔山的坟墓前边。"

喃呒棠老婆听到丈夫说在坟墓前边遇到两个野鬼，她的心也马上"扑通、扑通"地狂跳不停，脸色骤变："啊，坟……坟墓前见到野鬼，这太骇人了……"

喃呒棠心有余悸："那两个野鬼还向我追来哩，幸而我这一回逃跑得快，不然，我都不敢再想下去了……"

喃呒棠老婆听后，脸上的肌肉痉挛了好几下，手脚都像筛糠一样发抖："啊，那两个野鬼追着你来？！如果这一回你引鬼入屋，那就惨了。现在该怎么办呢？"

喃呒棠眼珠骨碌了好几回，指着桌面上那一大堆黄色的符箓："把我平时用的这些符箓拿来，在门口、厅堂与各个房间都贴满它。”

喃呒棠老婆对自己丈夫的骗人作法本是鸡食放光虫——心知肚明，说：“死佬，这些符箓是你平日自己乱写乱画的，那些烂纸降鬼究竟灵不灵呀？”

喃呒棠自己其实也没有底气：“管它灵与不灵，总之现在是无法可想。贴上去才算。”

喃呒棠老婆道：“事不宜迟，你快快起床，和我一起分头把这些符箓贴上去。”

喃呒棠有气无力地：“老婆，现在我浑身像散了骨架一样，软沓沓的，你自己动手去贴吧。”言罢，把棉被往上一拉，又将脑袋盖住了。

喃呒棠老婆无奈地摇了摇头：“唉！”她见喃呒棠这个样子，只好动手去贴那些符箓了。

当小马咬耳回到上沙村奕祥坊家里，已经是深夜了。

潘银凤在屋里左等右等都不见儿子小马咬耳回来，等得心乱如麻，最担心是这个调皮儿子出事。

听到推门声，潘银凤又怒又怨，但见到马咬耳后，一直绷得紧紧的心弦终于松弛了。她狠狠地瞪着小马咬耳，责怪道：“你呀，出去玩也要知道归家，害得我觉也睡不了。你看看现在是什么时候？”

父亲梁世福大白天干了一天的重活，如今在那边的房间酣然大睡，打铁拉风箱般的呼噜声从门缝里传了出来。

小马咬耳：“现在该近三更了。”

潘银凤语气迫人：“又和谁在一起干什么坏事去了？”

“坏事？”小马咬耳摆了摆手，脸有傲色，“我今晚和肥仔华一起，干的是好事。”

潘银凤摇了摇头：“半夜三更与肥仔华去干好事？我不信。”

“娘亲，我说的是真话，”小马咬耳见娘亲仍不相信，便举起手来发誓道，“如果我有半句假话，明天就会被天雷劈死。”

一听到那个“死”字，潘银凤急忙冲上前去，用手捂着小马咬耳的嘴巴，训斥道：“小孩子不要对天发那些毒誓！究竟做了什么好事，你就一五一十告诉娘亲我知道。”

“好的。”于是，小马咬耳便打开了话匣子，将事情的前因后果都向潘银凤讲了出来。

潘银凤听后觉得又好气又好笑：气的是自己的儿子竟然会想出这样的馊主意，做出这样的恶作剧来；笑的是那个所谓捉鬼骗钱的喃呒棠竟然被两个小孩子吓得如此狼狈逃跑。这一次，正是应了世间的这句格言：“心中无鬼，‘有鬼’亦无鬼；心中有鬼，无鬼亦有鬼。”作为家长，潘银凤还是觉得要教训一下自己的儿子，故意板着脸：“你呀，下不为例。”

小马咬耳：“我知道了，但是我还有一件事放心不下来。”

潘银凤：“什么事情？”

小马咬耳扬手指向聚龙坊的方向：“苏月桂的父亲病了那么多天，吃了附近郎中开的药不见好转才找鬼乸婵和喃呒棠。我估计那个喃呒棠被我和肥仔华这么一吓，明天夜晚再也不敢出来搞事了。”

潘银凤：“是呀，人经过这么一吓，不得大病才怪哩。”

小马咬耳：“我听隔壁二叔婆说，你曾经讲过天露山上的天露寺有位老和尚医离奇杂症很灵验的。大姨妈就在天露山那边，娘亲，你能不能叫姨妈去请天露寺那位老和尚来给苏月桂父亲治病呢？”

自己的儿子平时虽然调皮捣蛋，但今天所做的事是出于对弱势家庭同情关爱之心。从这一点可以看得出来，正直和良知正在儿子幼嫩的心灵中开始萌芽了。想到这里，潘银凤感到十分欣慰。在乡亲有危难之时，作为母亲，能够伸出一把援手，帮助他们找来名医救治，这既可以圆了儿子助人为乐的梦，自己也是广种福田做积德善事。想到这里，潘银凤点头答允：“好的，明天我立即赶去里洞你大姨妈那里，到天露寺去请那位大师父。”

“娘亲，你真好！” 小马咬耳说着就一头扑到娘亲身上，撒娇地依偎在她的怀里。

潘银凤用手轻轻地抚摸着小马咬耳的脑瓜，自言自语地：“你能够学好，娘亲我就放心了。”

翌日，潘银凤大清早就前往天露山而去，日过中天后果真请得天露寺的智昌大师来到上沙聚龙坊。

智昌大师替苏月桂的父亲把过脉后，叫他们一家无须过度担忧，说他只不过是得了重度风寒而已，并当场给苏月桂的父亲开了药方，加了自己带来的一些药作药引。

药到回春！苏月桂的父亲煎服了智昌大师所开的药后，高烧当天便消减了不少，三天之后大病便痊愈了。

而喃呒棠则是另一回事。正如小马咬耳和潘银凤所料一样：喃呒棠自从那天夜晚在乌鸦仔山的坟墓前遭遇两个“野鬼”的惊吓后，害怕得回家后整晚都要用棉被蒙头，还发起高烧来了，讲着梦呓胡话。

第二天的傍晚，鬼嶦婵不知情况，依约前来喃呒棠家，叫喃呒棠和她一起前去苏月桂家作第二次法。

在喃呒棠的家门口，喃呒棠老婆苦着脸告诉鬼嶦婵：昨天喃呒棠外出作法回家路经乌鸦仔山梁氏祖坟时遇到了两个“野鬼”，吓得病倒在床发高烧，整晚乱讲胡话，现在再也不敢在晚上外出了。

连续几天，喃呒棠的病仍未见好转，鬼嶦婵与他前往苏月桂家作法驱鬼骗钱的事就自然而然地泡汤了。

十多天都闲来无事，鬼嶦婵一次无意中瞥见搁在屋隅的那块招牌，灵感一动，发现了什么：将原本的“兔”字修改为的“鬼”字，从它的稚嫩程度可以判断，这不像是大人写的，倒很像是小孩的笔迹。“附近有哪个顽皮的小孩子会整蛊人呢？”

鬼魑婵想来想去，第一个可疑目标浮上她的脑海——那就是经常出术整蛊他人的沙村奕祥坊小马咬耳。

常言道“捉贼见赃，捉奸在床”。事情已经过了将近半个月，自己手中并无真凭实据说是小马咬耳干的，如果贸贸然到沙村奕祥坊小马咬耳家去向他父母亲投诉，肯定会招致人家的迎头臭骂，这又何必再次搬起石头打自己的脚呢？！最后，鬼魑婵只好无奈地打落门牙往自己肚子里面吞了。

而那个喃呒棠在乌鸦仔山的坟墓前遭遇“野鬼”这么一吓，就这样在病床上一卧就是十多天。

半个月后，喃呒棠自我感觉身体无恙了，但装着铜铃和叮叮的作法布袋已丢失，自己已经被夜鬼吓怕了，现在哪里还有胆量去重操旧业——夜晚出去替别人作法驱鬼呢？！

从此以后，阿棠便丢弃了当喃呒棠这个呃神弄鬼、混骗钱财的行当，痛改前非，专心专意和老婆在家里耕田种菜过日子了。

六　两村孩童比高低

大南河百步梯码头一直是沙村的一道独特风景线。

潘银凤与村中妇人经常在大南河边的石板上搓洗衣服。

小马咬耳喜欢跟随着母亲到那里去，在大南河里游泳，或与沙村的小孩子一道，跟塱村那边来的小孩子玩耍嬉闹，打水仗，捉鱼摸虾。

两个村的孩子们不知不觉地经常聚在一起玩耍。

当这个村的小孩子在大南河里捉的鱼虾多，而另一个村的小孩子们捉的鱼虾少时，那么，捉得鱼虾多的这群孩子便会将捉到的鱼虾分一些给对方；然后，大家皆大欢喜带着鱼虾回家去向父母邀功了。

沙村与塱村的小孩子都是在塱村书塾读书的同学。

小孩子都有好胜之心。所以两个村的小孩子既是朋友，也是对手，聚众见面时经常找些项目发起挑战，如打泥泡、拍公仔纸、滚铜钱、拗蔗须……双方进行比赛，比高低，斗输赢。

这一天，阳光灿烂，白云似小船在蓝天里飘荡。

沙村的孩子们互相约好，走过大南河上的木桥，来到塱村河边晒谷的大地坪，与塱村的孩子们碰在一起了。

两个相邻的村落，他们各自拥有一位“孩子王”。

小马咬耳是沙村这边的孩子王。

塱村这方公认的孩子王叫李华章。

李华章年纪比小马咬耳大了三岁，个子清瘦，比马咬耳高出半个脑袋，长得斯斯文文，颇有儒雅的风骨。李华章受到塱村的孩子们拥戴是有其原因的：李华章出身于书香之家。他的爷爷当年曾经是六品官员，在广东省巡抚衙门布政司署内的理问所当过理问，年迈时解甲归田返回新兴的乡下颐养天年。李华章的父亲则是县城重点学校里德高望重的校长兼教师。所以李华章从小就受到爷爷与父亲的从严管教。

李华章天资聪明，勤奋好学，幼时喜欢听爷爷讲述在省城所审核过的各式各样案例。从小受到中华传统文化的熏陶的李华章，尤其对诗词歌赋等古代汉语很有心得。在塱村的书塾里，他的成绩和小马咬耳一样都是出类拔萃的，深得李掌教的钟爱。所以李华章在塱村的孩子群里很有号召力。塱村的孩子们都将他叫作“小秀才”，将他奉为群里的小领袖。

这一次，两村的孩子们不约而同地带来了铁环，经过双方商量，这次一决胜负的比赛是滚铁环。

小孩子们有自己天真烂漫的童稚，也有他们独自特定的游戏规则：先在地坪上画出一个扭扭歪歪的大圈，定下轨道。然后两个村的孩子便派出了各自的出战代表，手持着一根前面弯了一个小曲的铁杆，顶着自己所携带的铁环进行滚动，按划定的轨道兜转三个大圈，如果在兜转的三个圈内越出了划定的界线就算输了一个回合。如果双方都能够滚着铁环在轨道内走完三个圈，就要看最后的较量：将滚动的铁环跟对方的铁环来用力对撞。如果谁的铁环被撞飞出轨道，谁就算输了。

这一次，他们定下的比赛规则是五局三胜。经过激烈的角逐，两个村各自派出的选手各胜两个回合，打成了二比二的平手僵局。

决胜局来了。出场的选手理所当然是由双方的孩子王来角逐。

塱村的孩子王李华章首先提着他的铁环出场亮相，做了一个得胜的姿势，即场获得塱村孩子们的阵阵喝彩声。他所恃的是：带来的铁环是加厚的。

李华章将铁环沿着轨道快速转了三个圈，然后傲然地大声叫阵：“沙村谁有胆量前来应战？”

“本将军来也！”小马咬耳故意模仿戏台上《夜战马超》那位“马超”出战的吆喝声，提着铁环、挺起肚子、迈着大步上场来了。

小马咬耳晃动着手中的大铁环出场时，就获得沙村孩子们的狂热欢呼，着实令塱村的孩子们大吃一惊。

因为李华章用的铁环是用来箍小型木锅盖的铁环，那些锅只是用来炒家常菜的，直径只有一尺左右。而小马咬耳这次滚的铁环是用来箍大木锅盖用的，那大锅的用途是用来煮猪食的，直径有三尺多。两者相比，如同小老鼠遇到了大笨象。

李华章望着小马咬耳拿来出战的大铁环，心里打了个悚。但此时已骑虎难下，只好拿着自己的铁环硬着头皮上阵。

小马咬耳与李华章在双方孩子的呐喊助威声中滚着铁环，在地坪的轨道上转了三个圈，大家都没有越界出轨，

最后，决战的时刻到了，小马咬耳加快速度，滚动着那个大铁环，朝着李华章的铁环撞去。两个铁环猛地相撞，只听得“哐啷”一声，李华章的手腕被震得虎口几乎爆裂，整个身子往后倒退了好几步，再跌倒在地面上。他所滚动的铁环被小马咬耳滚动的大铁环撞得飞甩而起，在空中横飞过去。如果塱村那个光头仔不是眼利躲闪得快，就会砸到他的脸上。小铁

环在空中再打了几个翻，滚动跌落到大南河去了。

决战得胜，沙村的小孩子们高声欢呼：“我们赢了！我们赢了！”一齐冲向了小马咬耳，将他捧起来，往上抛去。

李华章则像斗败了的公鸡一样颓然地垂下了脑袋，长叹了一声：“唉——”

小马咬耳故意挺起肚子，晃动着手脚，得意地对李华章说：“还未出场我就知道你们一定会输了。”

输了的李华章颓然地：“这个滚铁环的游戏不玩了，我们换一换别的玩法吧。”

“行，换什么玩法都行，难道我怕你们不成？”小马咬耳昂首挺胸，一副将军凯旋回朝的样子，“你们打算跟我们再比赛些什么呢？”

塱村那位光头仔此时已定过神来了，他的计特别多，走到李华章身边，小声说：“李华章，用你的拿手好戏对联来跟他比一比。”

李华章与小马咬耳同在塱村的书塾读书，虽然班级比小马咬耳高些，但也知道小马咬耳的学习成绩突出，所以脸上浮起了担忧之色，小声地对光头仔说：“马咬耳曾经跟李老师较量过，也很厉害呀！”

光头仔：“不怕不识货，最怕货比货。你比他高了两个年级，论出身，论家教，你都比他强，何况你爷爷和父亲多年教你学过对联，你怕什么？”

“是呀，你一定会赢他的！”塱村的孩子们也在为李华章打气。

李华章想了想，觉得这也是跟小马咬耳试比高低的一个好机会，便点了点头：“好，就跟他比对联。”

小马咬耳在沙村的地位与李华章在塱村的地位相当，皆因他自小得到娘亲潘银凤的良好教育，知识面广，唐诗宋词倒背如流。沙村的孩子在学习上有不懂的地方常去向他请教。

李华章被塱村的众孩子推了出来，对着小马咬耳，说：“常言道，有赌未为输，我们要比的东西多着哩！”

小马咬耳抬头仰天后对李华章说：“比什么都行，难道我怕你不成？”

光头仔抢身出来，以挑战的口吻道：“你们沙村派一个人出来，跟我们塱村的秀才比对联应答，哪一方答不出就算输，怎么样？”言罢用手指了指李华章。

沙村的小孩子刚刚胜了一局，兴奋得热火焚身，见对方挑战，圆头圆脑的肥仔华将小马咬耳推了出来：“马咬耳，你代表我们沙村出战，杀他一个片甲不留。”

李华章走到小马咬耳的面前，挑衅道：“马咬耳，你敢应战吗？”

对手提出要比对联，这正中小马咬耳的下怀，爽快地开口应战：“行！”

李华章见小马咬耳进了自己的圈套，以拳击打着手掌：“哟，你输定了！”

“我输定了？这句话应该送给你才对。”小马咬耳的鼻翼往上掀了掀，不屑地对李华章说，“你输了该怎么样？”

沙村的小孩子见小马咬耳发声了，在呐喊助威：“是呀，你们输了该怎么样？”

李华章胸脯一挺，一副傲气：“我输给你，除非太阳从西边升起啦！”

小马咬耳一眼望见不远处的“真食的”酸味店，怦然心动，提议道：“我们双方都把身上的零钱全都掏出来，聚合在一起到‘真食的’买酸味。如果哪一方赢了就有酸味吃，输掉的另一方就只能在旁边白看，没得吃。”

对小马咬耳这个提议，沙村与塱村的小孩子不约而同地欢叫了起来：“好呀！”皆因他们平日吃零食最喜欢就是吃酸味，并且这一次对自己派出的选手充满必胜的信心。

李华章嘴巴往斜里一乜，鄙夷道："马咬耳，我就等你这句话。等会儿你们输了，别光看着我们塱村的人吃酸味你们却在旁边流口水。"

小马咬耳回击道："哼，我看等会儿白流口水的是你们塱村的。"

小马咬耳这番话又引得沙村的小孩子齐声欢呼。

"真食的"酸味店在塱村那边，门前有一条一丈多宽的小溪，溪上有一道小木板桥。他的店铺不算大，门面只有几尺宽，里面深也仅一丈多，但却是名声在外，尤其是平时嘴馋的附近小孩。

"真食的"酸味店的主人叫李大诚，年过半百，但是腰板挺直，精神矍铄。他家世代都有人做酸味与凉果，祖宗早已给他留下了许多炮制酸味与凉果的秘方。加上李大诚人精手巧，乡间不起眼的东西经他的手弄过，可以变成老少皆宜的可口美食。做出来的酸味，色香味美，远近闻名。李大诚的"真食的"酸味店，整齐摆放着一个个透明的玻璃罐，里面盛着他精心制作的甜酸：白色的是酸萝卜，浅红色的是酸木瓜片，红色的是酸红萝卜，绿色的是酸黄瓜、酸辣椒和酸芥菜，粉红色的是酸莲藕片，浅黄色的是酸荞头和酸姜片……五颜六色，品种繁多，甜酸适度，爽脆可口，吃下去回肠荡气，开胃消滞。所以经常引诱得各村的小孩子站在他店铺那些玻璃罐前，望着各种各样的酸味，猛流涎水，恨不得将它全部搬回家里去。

李大诚为人老实，正直善良，按当地人的话来说，是"担屎也不会偷食"的人。他做这小本生意很有头脑，顾客光临，无论大人小孩，他都是笑口常开，多多益善，小小无区，来个大细统杀，童叟无欺，所以深受人们的欢迎。四邻八乡的小孩子，在家中拿到一点儿零钱，喜欢来到这"真食的"酸味店买酸味吃。

小马咬耳往身后那群沙村小孩子一招手："来，我们都将身上的零钱拿出来！"

沙村孩子们异口同声地："好！"

李华章见状，也向塱村那群小孩子招了招手："我们也将身上的零钱拿出来。"

塱村的孩子们也是异口同声地："好的！"

沙村与塱村的这群小孩子应声后，各自往口袋里搜着零钱，然后将搜到的钱都堆放在一起。

"真食的"酸味店的李老板一直在旁边观看，见到这群小孩子如此捧自己的场，高兴得脸也红了，迈步上来，做着手势，对两个村那群小孩子说："你们如此看得起我这间'真食的'酸味店，那么我今天就来个降价大酬宾，店里的所有酸味都打个七折。"

两个村的那群小孩听后，都高兴得跳跃欢呼起来："好呀！好呀！"

小马咬耳眨眼望着对方："谁先出联？"

"先下手为强，后下手遭殃。"谁先出联就容易占得先机，李华章是个出名的机灵鬼，迈前一步，将衣袖往手臂上一捋，迫不及待抢着说："当然是我先出联啦。"

"你先出？"小马咬耳目光盯住李华章，一言不发。

李华章见对方这副神态，问道："你胆怯了吗？"

"我自出娘胎都未曾胆怯过，"小马咬耳用手指了指李华章，"好吧，我先让你一马，你先出联吧。"

李华章侧着小脑瓜，想了想，便出了一上联："阳江豆豉，顺德牛乳，四会沙糖橘。"他出这上联的神态模仿李掌教平日讲课时摇头晃脑。豆豉是阳江的特产，牛乳是顺德的特产，四会沙糖橘更是远近闻名。

出完上联，李华章在补充说："你在答这对联的时候一要用三个地方的不同特产对另外三个地方的不同特产，二是你所答的下联里面一定要用'马'字来跟我的'牛'字相对。"

对李华章定下来的条条框框，沙村这群小孩子听后心里都打起了鼓，觉得如果要按李华章提出的要求来回答这对联确实是难度不小。

这的确是一道难题。小马咬耳用手挠着脑瓜，蹙眉定睛在思索。

沙村的小孩子都紧张地望着小马咬耳，心里都像有只小鹿在撞着“砰、砰”地响。

李华章与塱村这群小孩子见对方这副模样，故意开声催促他，以打乱小马咬耳的思路，七嘴八舌地叫嚷：“快点回答啦！”“是不是答不出呀？”“再拖你们就输了。”

俄顷，小马咬耳便想到了答案，清了清嗓子，一字一音地答了上来：“肇庆裹蒸，新兴马蹄，云浮豉油膏。”

那群小孩子在斟酌着：“阳江豆豉，顺德牛乳，四会沙糖橘；肇庆裹蒸，新兴马蹄，云浮豉油膏。”

小马咬耳这下联，用三个地方的特产来应对李华章所出的三个地方的特产：肇庆裹蒸驰名四方；新兴县所出的马蹄又爽又甜，为世人所称道；云浮县出品的豉油膏是远销各地的特产。更为妙的是，小马咬耳所应答的下联里面的“马”字正好跟李华章所出上联里的“牛”字相对应。

李华章与塱村的孩子们细细琢磨，你望着我，我望着你，都觉得小马咬耳这下联答得十分完美，要想在它里面挑骨头也无门了。

书香门第出身的李华章，他的家教与修养历来都很好，他又是一个愿赌服输的正直小孩，此时无奈地对小马咬耳说：“这一回合，算你答得对。”

沙村的小孩子们见第一回合得胜，高兴得拍掌跳了起来。

李华章的眼睛骨碌了好几回，道：“这次我再出一下联。”

塱村的光头仔拍了拍手掌，说：“我们的秀才肯定是有猛料出来了。”

李华章摇晃着小脑瓜，出了一个下联：“香花不红，红花不香，只有牡丹、玫瑰花又红又香。”

李华章强调说："众所周知，'香'字相应对的是'臭'。我这下联里在三个不同位置上有'香'字，所以你应答的上联一定要在相对应位置上有三个'臭'字。"李华章提出的条件确实有刁难的味道。

明摆着如此严苛的要求，想答得完美实在太难了，实令小马咬耳措手不及，他搔着小脑瓜，搜索的触角在脑海里不断地伸缩着："这……这……"

李华章见小马咬耳这个情状，以为他无法应答出来，得意扬扬地："马咬耳，我看你这一回是输定了。"

塱村的小孩子们欢呼起来，猛地拍着手掌，仿佛那些美味可口的酸味已经到了他们的嘴边一样。

而沙村的小孩子们见势不妙，个个紧闭着嘴，目光全都聚焦在小马咬耳身上，有些人脸上已流露出失望的神情。

"嘟——"这时候，站在小马咬耳身旁的肥仔华突然放了一个响屁，引得大家哄堂大笑。

李华章瞪了肥仔华一眼，责备道："你呀，真不识趣！众目睽睽放臭屁，却不找个地方去避一避？"

肥仔华红着脸回答道："我今早吃番薯多了，刚才肚子的气不知怎的一鼓，屁就出来了，真不好意思。"

听到屁响，一道亮光在小马咬耳的眼前掠过，他的心窍顿时开了，说："我有答案了。"

孩子们未明所以："你有什么答案呢？"

"你们听着，"小马咬耳慢悠悠地开腔应答，"臭屁唔响，响屁唔臭，唯独番薯、芋头屁又响又臭。"

孩子们听到小马咬耳这调皮而又近乎低俗的上联后忍不住哈哈大笑，有的小孩还笑得捂住发痛的肚子。

"臭屁唔响，响屁唔臭，唯独番薯、芋头屁又响又臭；香花不红，红花不香，只有牡丹、玫瑰花又红又香。”沙村的孩子们将上下联细细品读后大声叫好。

小马咬耳历来是个出了名的捣蛋鬼，这次所回答的上联，虽然人生格调与艺术品位比李华章所出的下联低一些。但其所用的词性、平仄基本与李华章所出的下联相应，以“臭”和“香”对个正着，你无法再对他进行挑剔。

李华章想不到小马咬耳竟然一下子就能够对得出自己所出的下联，无奈地摇着脑袋。

肥仔华上前用手推了推小马咬耳的肩膀，说：“你也出一道难一些的，让他们答不上来。”

沙村的小孩子们也在高声叫道：“是呀，给一道难题他们。”

小马咬耳蹙起眉毛，用手使劲地搔着小脑瓜，一会儿便想出上联来，对李华章说：“你听着，我出的这上联是‘里洞靓油炸，洛洞靓豆腐，香香滑滑确系醒’。”

他见李华章未能即时开口作答，也模仿李华章刚才的神态，提高声音，强调说：“李华章，你要注意，我所出的这个上联，里面既要有我们新兴的地方名，又要有我们新兴的地方特产。两者都要兼顾。如果你的回答牵扯到别的，就算你答不对。”

李华章：“这……这……”

里洞是新兴的一个地方，出产的靓油炸香而不躁，深受人们的钟爱。洛洞是里洞的一条村，出产的靓豆腐十分细腻嫩滑，有口皆碑。

小马咬耳继续说：“我这上联第一句有一个‘洞’字，第二句也有一个‘洞’字。还有，第一句有一个‘靓’字，第二句也有一个‘靓’字，所以你应答时必须在第一句与第二句要有两个相同对应的字眼。”

这的确是一道不容易在短时间内即场回答的难题。

这下子可把李华章难住了，他用手搔搔脑瓜，眼睛凝定了好久也答不上来，只好回过头来，问塱村的小孩子：“我一时间找不到答案，你们有谁想到了？”

与刚才兴高采烈的情景相比，塱村的小孩子们要么是摆手说不行，要么是摇头称无奈。

过了很久，塱村的小孩子们都没有人挺身而出来作答，李华章只好泄气地：“我们塱村的现在答不来了。马咬耳，我看你出了上联后，自己也未必有好的下联答案。”

“我当然心中有数，才给你们出这上联啦。”小马咬耳嘴巴一翘，提高声音，故意一边做着手势，一边一字一音地说，“我的下联是‘上沙大番薯，下沙大萝卜，爽爽甜甜无得弹’。”

沙村的田地是大海历经千万年退潮后留下的黑色潮泥，且混有适度幼嫩的细沙，肥沃而不板结。上沙村，尤其是相思山以下的山冈是泥中带沙，最适宜种植大番薯，由于水质与土质不含有害物质，所以常吃大番薯的上沙村民有特别多的高龄人，后来有人甚至活到了116岁的高寿。而下沙村是上沙村的下游，那里田地平坦，是沙中带泥，当地人说那些是“潮尾沙”，种出的大萝卜又爽又甜。所以沙村祖祖辈辈都习惯种植大番薯和大萝卜。新兴人都知道，上沙村所种的大番薯，下沙村所种的大萝卜，甜甜爽爽，别有风味，远近闻名。每逢到番薯与萝卜的收获季节，许多外县人、甚至外省的客商都会慕名而来，争相抢购。

小马咬耳所讲出的下联，第一句有一个“沙”字，第二句也有一个“沙”字，正好与上联的两个“洞”字相应和。还有，第一句有一个“大”字，第二句也有一个“大”字，正好与上联的两个“靓”字相应和。后面那句，叠字对叠字，既工整又彰显这里的地方特色，令人叫绝。

李华章细品味过小马咬耳的上下联，知道这一回已经输了，沮丧地用双手抱住脑袋，叹了口大气：“唉！”

经过较量，小马咬耳所领衔的沙村小孩子们得胜了，肥仔华先动手捧起放在地面上的那堆零钱，其他小孩子也陆续捡起地面上剩下来的散钱，跑到“真食的”酸味店的档口前，大声叫道：“老板，刚才你讲过的七折优惠，给我们每种酸味都来一些。”

没有多久，一大堆五颜六色的各种酸味——酸黄瓜、酸萝卜、酸荞头、酸姜片、酸藕片、酸芥菜等应有尽有摆在沙村那群小孩子面前。他们狂喜得连竹签也不拿，索性用手抓起酸味大口大口地吃起来。

小马咬耳吃过几件酸萝卜和酸阳桃后，用手抹了抹嘴巴，再用竹签戳着一块酸木瓜，得意地对李华章与塱村的小孩子们晃动着，说：“哟，哟！这酸味多好吃！”

沙村的孩子们津津有味地大吃一顿后，向他们的对手——塱村的小孩子揶揄道：“哟，这些酸味真是吃过返寻味。如果不服气，我们下次再来较量一番。”

明明已经输了，又要受人家的嘲笑，李华章与塱村那帮小孩子们心里很不爽，但有言在先，只能低头认输，白白流着口水，在旁看着对方狼吞虎咽的吃相。他们也知道，这不能怪李华章不聪明、没文才，只能怪沙村那个小马咬耳实在太厉害了。

七 打赌又见恶作剧

岁月如梭，十年寒窗，马咬耳不知不觉已长大成人了。

马咬耳自从读完书后，找工作挑肥拣瘦，犁田插秧怕脚湿水，去当挑夫嫌担子重，到县城替人守店铺觉得百无聊赖，高不成来低不就，找来找去，也找不到一份合他心愿的工作，所以整天流离浪荡，耍小聪明整蛊人的恶习一时改不了，每个月都有人上门投诉。马咬耳的父母见此情况多次劝告却无效。

而马咬耳跟财主梁德利打赌的事近日更是被人疯传着。

在太平镇沙村集市头那棵浓荫密匝的大榕树下，是村民经常碰头闲谈议事的地方。大榕树下有一间店面小小的“沃记”理发店。

这天中午时分，肥仔华见头发长了，便到“沃记”理发店去理发。

此时，理发店前已聚集了不少人，人们在天南地北地高谈阔论着，话题自然扯到他们村的马咬耳。

剃头佬阿沃放声道："有人说，马咬耳很聪明，什么事情都办得到。我看是吹大的，他不过是狗熊一只。"

肥仔华与马咬耳是一对经常合伙整蛊人的活宝，听后搭腔反驳："剃头沃，我说，除了摘不下天上的月亮与星星，马咬耳想办的事情他一定能够办得到。"

大榕树下的石凳坐着一位年近花甲的财主梁德利，脸颊瘦长如榄核，蛇头鼠眼，下巴尖尖，耳朵细细。他家中有七十多亩田地，为人狡猾刁钻，经常想些鬼点子发些横财；加上他脾气凶暴，恃强凌弱，是个为富不仁的恶人，乡村们对他憎恨却又奈何他不得。

梁德利听肥仔华讲后，讥讽道："肥仔华，你不要将马咬耳捧得比天还要高。你说马咬耳那么厉害，我就说他不行。"

"不行？"肥仔华反问道，"你说他哪一点不行？"

梁德利轻蔑地："他对别人我不知道，但他对我就是不行。"

"哼，你如此看低马咬耳？"肥仔华不假思索，脱口而出，"我看马咬耳连你老婆的底裤也有办法取得到。"

肥仔华此言一出，立即引起众人哗然。

"呸！我不信马咬耳有这个本事。"梁德利听后连连摆手，那双老鼠眼骨碌了几转，心生一计，顿时有了一个发大财的主意，"肥仔华，既然你夸下这天大的海口，我就跟你打个赌，怎么样？"

"跟我打赌？"肥仔华知道对方的德行，问，"你想跟我赌什么？"

梁德利伸出了三只手指，晃了晃："如果马咬耳能够在十天之内如你所讲，真的能够取到我老婆的花底裤，我就输两头大肥猪给你。如果他取不到我老婆的花底裤，你们就输两头大肥猪给我。怎么样？"

肥仔华听后皱起眉头，心里紧抽了一下："梁德利老婆的花底裤整天穿着，叫马咬耳十天之内去将它取下来，怎取？"肥仔华知道自己一时冲动失言了。三十六着，溜为上着。肥仔华一个转身，就要离开，却被梁德利追上去扯住。

梁德利咄咄逼人："肥仔华，你刚才不是说马咬耳想办的事情他一定能够办得到的吗？你现在想溜岂不是打自己的嘴巴？！"

"要赢这赌局实在是太难了，况且梁德利下这么怪异的赌注，输家是输两头大肥猪呀！"肥仔华的脸变成了苦瓜干一样。

梁德利见肥仔华这副畏缩的神态，便用激将法来撩他："你当众夸下海口，把马咬耳赞得天上有地下无，现在怎么当起缩头乌龟来了？！"

正在替人理发的剃头沃听到梁德利要与肥仔华打赌，想起曾经被马咬耳讹诈过的事，心中怒火顿起。

这还是一个多月前发生的事。

那一天，马咬耳和肥仔华前来理发。

剃头沃替人剪发后，按常规还会替客人搓揉按摩头部，拧拧脖子，让客人的筋骨放松放松的。当替马咬耳搓到颈部时，马咬耳将颈一扭，只听到"咯"的一声，跟着大叫起来："哎呀，痛死人了！你扭断了我的颈。哎哟！哎哟！"

众人顺着声音望去，只见马咬耳的头歪向左边，动弹不得，表情痛苦不堪，不断叫痛："哎哟！哎哟……"

肥仔华冲上前来责备剃头沃："剃头沃，你怎么搞的，将他的颈骨弄断了。"

剃头沃见马咬耳龇牙咧齿的痛苦样子，以为他真的断了颈骨，十分恐慌，脸色惨白，不知如何是好。

在场的人都过来看个究竟，有人说："咳，阿沃，你刚才太用力，将马咬耳的颈也扭断了。"

也有人说："哟，如果打官司，剃头沃即使不要坐牢，也要赔得倾家荡产。"

剃头沃一时慌了手脚，若延误下去弄不好搞出人命来，这就非同小可。

见剃头沃惊惶得束手无策，肥仔华出了个主意：“剃头沃，县城西边有个跌打师傅，替人正骨手法十分了得，你不如赔些医药费给马咬耳，让他到那里医治医治。”

剃头沃手脚还在颤抖，问道：“不知要赔多少钱的医药费呢？”

肥仔华一本正经地：“断了颈不容易医，说不定还有后遗症。我看完全医好起码要五两白银。”

为了避免吃官司，头脑发蒙的剃头沃慌忙对马咬耳说：“真对不起，一时错手弄伤了你，我愿赔五两白银给你做医药费，行吗？”

马咬耳歪着头，只是“嗯”了一声。

肥仔华替他说：“那就赔五两白银吧！这件事就此了结，以后两不相干。”

剃头沃马上进屋里取出五两白银，递给肥仔华，说：“劳烦你陪马咬耳去县城找医生医治，我今天算一次足额赔偿，双方两清了。以后你们不要再来找我麻烦。”

“唔。”肥仔华将歪着颈的马咬耳小心翼翼地从椅子上扶下来，然后扶着他的两腋，一步一挪地离开了“沃记”理发店。

剃头沃站在店铺门口，目睹着肥仔华扶着歪着脑袋的马咬耳消失在街头转弯处，避免了一场官司，才松了一口大气。

马咬耳得了五两白银，刚转过街头颈不痛了，头也不歪了，与肥仔华两人“嘻哈”“嘻哈”大笑起来，到筠城茶楼放开肚皮大吃了一顿。

马咬耳为什么要这样做呢？皆因肥仔华曾跟他说过，“沃记”理发店的剃头沃曾经不屑地对人说：“人人都怕马咬耳扭计，我看他并没有什么了不起。他若敢扭我的计，看我一刀不把他的头割下来才怪。”

扭颈事件发生后的几天，剃头沃从旁人那里得知马咬耳所谓扭断颈是骗人的假象时，自己被讹诈了五两白银，心里怒愤难填只能打落门牙往肚子吞。

如今，剃头沃听到梁德利要跟肥仔华打赌，心想报仇雪恨的机会来了，于是插嘴进来："我说马咬耳肯定在十天之内无法取到德利老婆的花底裤。如果你们真的要赌，我也加注进来。"

肥仔华："你加什么注？"

剃头沃认为这场赌自己的赢面是百分之百，所以一边替人剃头一边大声地说："我也加两头大肥猪。"

"哟，这场赌注竟然是四头大肥猪！"这可是前所未有的赌注。

听说要打这样的赌，榕树头下的理发店前顿时像煮开了的水一样沸腾起来。在场的村民更想看热闹，怂恿、起哄和鼓动纷至沓来：

"马咬耳这么厉害，一定能够办得到的。"

"肥仔华，别当胆小鬼，跟梁德利赌一局。"

"是呀，肥仔华，如果赢了四头大肥猪，你们就请我们吃猪脚。"

有道是："树怕剥皮，人怕激气。"在群情怂恿下，肥仔华头脑又发热冲动，咬牙下了决心："好，赌就赌，难道我们怕你不成？！"

梁德利心中大喜，但又害怕肥仔华输了以后不认账，就指着坐在旁边等理发的奕祥坊老村长忠伯，说："忠伯，在众目睽睽之下，你这次来当个见证人，谁输了都不能赖账。怎样？"

"好呀，忠伯，你就来当这个见证人吧。"众人都将忠伯推了出来。

忠伯只好答应："既然大家都推选我来，那么我就来当这个见证人吧。你们双方谁输了都不能赖账。剃头沃，你也出来。"

"好的，愿赌服输！"梁德利、剃头沃与肥仔华当众作了许诺，分别来了个三击掌，作了确认。

这天下午，万里无云，高悬在空中的太阳朝大地射下了千万支热箭，地面被晒得升腾起摇曳不定的袅袅热气。人们都觉得酷热暑气难耐。

马咬耳没有工作，在家里闷闷不乐，躺在家中厅堂的大竹椅上摇着大葵扇在扇风，但还不时有汗珠从他的额头沁出来。趴在门外桉树上的几只蝉儿“吱吱”地不停乱叫，令人听后更心烦意乱。

马咬耳忽然见肥仔华匆匆进屋来，问道：“肥仔华，你行色匆匆，有事吗？”

“是呀。”肥仔华点头应道，“我跟梁德利和剃头沃打赌了，赢了会有四头大肥猪。”

马咬耳：“哟，有这么大的青蛙随街跳？你跟梁德利他们赌什么？”

肥仔华：“赌你能不能在十天内将梁德利老婆的花底裤偷出来。”

马咬耳一听，脸色阴沉得像快下雨的天空，责怪道：“肥仔华，叫我去偷女人的花底裤，会沾上倒霉的秽气。这样的缺德的打赌，我不干！我不干！”说罢连连摆手。

“这回是不能打退堂鼓的，你不干也得干了。”肥仔华哀求道，“我已经当着村长忠伯与众乡亲的面跟那个梁德利、剃头沃拍过三下手掌。开弓没有回头箭。如果你不答应，就等于我们要输掉四头大肥猪了。”

马咬耳没好气地：“你将事情的经过跟我说出来吧。”

“好的。”于是，肥仔华就将在沙村墟市跟梁德利打赌的事情从头到尾向马咬耳讲述了一遍，苦着脸说，“梁德利当众说你的坏话，我跟他当场争论，一时冲动就说你能够在十天内取到他老婆的底裤。你该知道，说出口的话等于泼出去的水，我想收回也收不了。而剃头沃又幸灾乐祸说要加两头大肥猪做赌注，我觉得拿四头大肥猪作赌注实在太为难，但他们左迫右迫，在众人面前我不知怎推却。梁德利将村长忠伯推出来作中间证人，我只好勉强答允了。现在是已经打湿了头，想不剃也得剃，就看你的真本事了。”

马咬耳怨责道：“咳，你在众人面前夸下这天大海口，你是在抓屎上身，又将我推落火炕。”

肥仔华鼓动他："我知道这件事确实很难，但我相信你是能够办得到的。"

马咬耳狠狠地瞪了他一眼："哼，取人家老婆底裤这低级下流的事，你要我去做？这岂不是败坏了我的人格？！况且梁德利老婆的底裤一天到晚都穿在她身上，我怎去取？难道你叫我去她家中硬生生地将她的底裤剥下来？你拉的屎你自己去扫，我管不着！"

见马咬耳不肯答应，肥仔华心急得火烧火燎，皆因已经当着众人面前下了大赌注，他忽然想到：唐代大诗人李白饮酒后诗兴大发，是有名的酒仙；宋代大文豪苏东坡喝了酒后更是文采斐然。马咬耳平时爱喝酒，说不定他饮了酒后会有更多的灵感。肥仔华一把夺过马咬耳手中的大葵扇，笑涎着脸替马咬耳用力扇风，一副谀媚的神态，撒谎道："今天是我生日，你最喜欢吃狗肉，不如跟我到县城的'狗肉旺'饮食店去吃顿狗肉，痛饮几杯。"出此下策，肥仔华是从马咬耳身上学到的手法而已。

马咬耳在家中正闲得无聊，听说要去喝酒吃狗肉，兴趣来了，道："好的，我好久没有吃过狗肉了。"

南街的"狗肉旺"饮食店在新兴县城是非常出名的，这店有独特的药材配方，狗肉炆得火候恰当，尤其是狗皮炆得不硬也不烂，既有嚼劲又不难咬烂。

马咬耳与肥仔华进了"狗肉旺"饮食店，阵阵香气钻鼻而来，真叫神仙也站不稳。

肥仔华与马咬耳挑了个临窗的座位坐了下来，向店小二点了三斤狗肉。

没多久，一盆热气腾腾、香喷喷的狗肉捧上来了。肥仔华叫了半斤米酒，两人拿起筷子，一边吃狗肉，一边碰杯痛饮。

几杯下肚，马咬耳的酒劲上来了，脸色发红，全身发热，脑筋运转的速度也快了。

肥仔华见马咬耳的话语多了，知道时机已到，笑嘻嘻地说："马咬耳，这次打赌我本来是为你护名声，争面子，想不到变成惹屎上身了。想鬼点子是你的拿手好戏。你想想有什么好办法吧。"

马咬耳知道肥仔华确实是为自己出气而惹了祸，再斟了一杯酒，仰头饮下，用手捏着下巴，眼睛骨碌骨碌转悠了几圈，一道亮光在眼前闪掠而过，手一拍台面："有办法了。"

肥仔华凑了过去："有什么办法呢？"

马咬耳问道："亚寿伯的院子不是与那个梁德利一墙之隔吗？"

肥仔华点头："是呀！"

马咬耳便讲出了他的办法："你记住，要依计而行。"

肥仔华听后，喜滋滋地："好，我马上去办。"

日落西山，天上堆满了火烧云，大地也被晚霞染成一片金红色。

暮霭在上沙村奕祥坊流荡着，各家各户都升起了袅袅炊烟。

肥仔华按马咬耳的吩咐，来到梁亚寿家大门口，环顾见村道上并无其他行人，就连招呼也没有打，推开那道虚掩着的破大门后，走进了梁亚寿的院子，见梁亚寿正在东边的厨房忙着。

肥仔华："亚寿伯，今天有什么好东西吃呀？"

梁亚寿闻声转过头来，没好气地："我家有五条小的化骨龙，穷得有上餐没下餐，能有什么好吃的呢？"

梁亚寿年约四十，为人老实木讷，斗大的字识不了半箩。他老婆前年因病去世了，留下了五个孩子，也就是梁亚寿口中所讲的五条"化骨龙"。大女儿十五岁，小儿子才四岁，所以梁亚寿早出晚归，除了耕田种地还去替人打短工，但生活仍然十分拮据。大白天他之所以连大门也不锁上，皆因家徒四壁，没有值钱的东西让人偷。

梁亚寿奇怪地问道："肥仔华，什么风把你吹到我这穷鬼家里来了？"

肥仔华笑口嗤嗤地："亚寿伯，见你顿顿只有青菜吃，我给你送一头两百斤重的大肥猪来了。"

梁亚寿摇头不相信："哼，世间哪有这么好的事？你又不是富得流油的善长仁翁。"

"我讲的是真的，但要你跟我作配合。"肥仔华一脸的认真。

"要我作配合？"梁亚寿不明所以，"配合什么呢？"

肥仔华："你隔壁的梁德利不是经常滋事欺负你吗？这次我和马咬耳要替你出出这口闷气。"

梁亚寿与梁德利是隔壁邻居，两人的院子相隔着一堵六尺高的墙。梁德利是个势利眼很重的人，自恃家中富有，动不动就欺负梁亚寿这个穷人。去年，两人因划分相邻的地界发生争拗，梁德利两父子动手将梁亚寿打得鼻青脸肿，所以梁亚寿对他恨之入骨却又是有苦无处伸。

梁亚寿听肥仔华讲后，眨着不解的眼睛："哟，你越讲我越不明白，究竟有什么事，你快讲。"

于是，肥仔华便将在沙村墟集上跟梁德利打赌的事情讲了一遍。

梁亚寿听后在开心之余，又担心说："如果你们赢了，把那头大肥猪赶到我家里来，梁德利便会报复我。"

"亚寿伯，你不必担心，如果赢了，你觉得要猪入屋不方便，我们就将相当于一头大肥猪的钱给你。"肥仔华指天笃地作保证，给他壮胆，"这件事在今天深夜悄悄地干的，只有我知、你知和马咬耳知，我们绝不会将此事张扬出去。若然事情穿煲，有我和马咬耳出头全部担当。"

"好的。"梁亚寿见对方作了保证，这才放下心来，将平日察看到梁德利院子的布局告知肥仔华，道，"今晚我家的大门不上锁，二更时分你们悄悄进来吧。"

肥仔华："好的。"

天上疏星无力地眨着眼，半勾残月被流云不时遮掩着。

沉沉黑夜笼罩着奕祥坊，村里四周静悄悄的。

二更的梆子在村里敲响了。

马咬耳与肥仔华轻轻地推开了梁亚寿家院子的破大门，进了院子。

梁亚寿的几个子女早已在屋里进入了梦乡。

梁亚寿见他俩进来，并没有作声，只是做了一个手势指向与梁德利相邻的墙壁，然后扛着早已准备好的梯子靠了上去。

马咬耳领会点了点头，肥仔华扶着梯子，马咬耳身子轻盈，三几下就爬上了梯子，似狸猫般往下一跃，无声地跳落梁德利的家的院子里，蹑手蹑脚来到院子靠东的角落，那里放着一个尿埕。

马咬耳从衣袋里掏出一个用芭蕉叶包裹着的东西，打开，里面包着的是桃胶。马咬耳用手挑着桃胶，在尿埕口的边沿涂上了厚厚的一大圈，满意地点了点头，返回到隔墙下。

梁亚寿在下面扶着梯子，肥仔华爬上梯子顶，伸下手来，握着马咬耳的手，轻轻往上一提，就将马咬耳提起，上到墙头处。两人再从梯子下地来。他们一连串干净利索的动作，无声无息。

梁亚寿将梯子从墙头处搬开，搁放回院子的另一边。

见事情的第一步已办妥，马咬耳和肥仔华就跟着梁亚寿返回他的屋内，灯也没有点着，坐着斟茶慢饮，静耳细听那边院子的动静。

此时黑夜沉沉，四周寂静一片。远处传来的虫鸣蛙鼓更使这黑夜显得静得吓人。

过了约莫一袋烟的工夫，梁德利那边的院子传来了开门声，随之是急促的脚步声。

原来，昨天夜晚，梁德利老婆临睡前吃了冰糖莲子糖水，已过半百的人肾功能并不好，所以半夜要起床来屙几次夜尿。

因为用作小解的尿埕放在房间里会散发出浓烈的骚臊臭气味，所以她将尿埕放置在院子的一隅，旁边有一块大木板遮挡着梁亚寿家这边的视线。

梁德利老婆半夜醒来，觉得尿太急，连忙开门来到院子一隅，松开宽大的裤子，捋起花底裤，一屁股坐在尿埕上，觉得屁股处湿漉漉，马上站起来，但是桃胶粘住了她屁股的皮肉，那么一扯，扯得皮肉一阵疼痛，用手一摸，屁股和花底裤都黏糊糊的，吓得便连尿也不敢屙，连忙返回屋里去。此时的梁德利在床上睡得好像死猪一样，大声打着的呼噜犹如拉风箱一样。

“平日尿埕好好的，今天怎会有那些脏东西呢？”梁德利老婆觉得这个时候不好摇醒丈夫追问个究竟，只好脱下花底裤，把屁股先擦干净。

夜深人静之际，梁德利老婆的尿急尚未解决，只好再次走出睡房，用那粘了桃胶的花底裤抹净了尿埕口处的桃胶。她在尿埕口处铺上一块碎布，小解完后，便将脏了的花底裤搁在院子横放着的竹梯上，打算明天早上才拿去洗，然后扭着腰肢返回睡房里去，不久便进入了梦乡。

马咬耳、肥仔华和梁亚寿在这边侧着耳朵，从声音判断梁德利院子那边事态的进展。

当听到那边传来大小不一、交替起落的呼噜声，他们便推测梁德利两夫妻都已经熟睡了。

马咬耳做了一个手势，梁亚寿点了点头，将那木梯扛起，重新搁在与梁德利院子相隔的墙上。马咬耳爬上梯顶，肥仔华按原定的计策将一根顶端扎有小铁钩的长竹竿递给马咬耳。

马咬耳在梯顶拿起长竹竿伸了过去，用小铁钩钩住了放在竹梯上的那条花底裤，再小心翼翼地慢慢往回收，很快就将那条粘了桃胶的花底裤收了过来。

回到梁亚寿的屋子里，马咬耳用食指和中指打了一个响指，笑着说：“行了。亚寿伯，明天早上外面闹哄哄的，你不要出屋来，总之是装聋作哑，那个梁德利怎都不会怀疑你的了。”

梁亚寿点了点头："好的。"

翌日清晨，东方刚刚放出了鱼肚白，很快，朝霞就铺满了天际。

肥仔华去叫醒了村长忠伯，声言马咬耳已经取到了梁德利老婆的花底裤了，顺便还叫了昨天打赌在场的乡亲，一起来到梁德利的大门口。

马咬耳早已爬上梁德利大门口那棵香樟树，将昨夜弄来的花底裤挂在离地面一丈多高的树桠上。

忠伯见状，禁不住大笑起来，向马咬耳道："你呀，真是个鬼才。"随后，上前敲梁德利家的大门，叫道："德利，开门，有大事找你！"

片刻，大门"吱"地打开了，梁德利揉着惺忪的眼睛出来，见门口聚集着一大群人，觉得奇怪，问忠伯："村长，大清早吵醒我有什么事？"

忠伯尚未开言，肥仔华已抢上话来："梁德利，我们这次前来是取两头大肥猪的。"

梁德利"哼"了一声，没好气地："怎么啦，还未开赌，你就想取两头大肥猪，你这是发大梦吧！"

"已经开赌了，"肥仔华用手指着挂在大树上的那条花底裤，"你老婆的花底裤已经被马咬耳取到了。"

梁德利顺着肥仔华所指望去，的确，香樟树上正挂着自己老婆的花底裤，脸色顿时大变，喃喃地："怎会这样的呢？"

马咬耳笑着说："你们打赌的事我搞妥了，现在就兑现承诺吧。"

梁德利不愧是个狡猾之人，那双老鼠眼骨碌地转了几下，就摆手否认："这条花底裤不是我老婆的。"

马咬耳口气铁定："这条花底裤的的确确是你老婆的。"

梁德利反问道："你有什么凭证呢？"

马咬耳："你看看那花底裤的超大尺寸，不但我们奕祥坊，就算整个沙村都没有一个女人要穿这么大的底裤。"

马咬耳此话不假：梁德利老婆的身材跟梁德利形成了强烈的反差，个子矮矮，脸大如盆，肥胖得像个大水桶，尤其是那屁股大得吓人，四乡八邻都暗地叫她作“大屁股”。

人群中有一位村中的老裁缝诚伯，听到众人这样议论，出来作证：“德利，树上挂着的这花底裤的确是你老婆的，十多天前是你带着老婆来我的裁缝店量身定做的。当时你还当着我面称赞这布料质量好、图案美哩！”

老裁缝诚伯是村里有名的老实人。他此言一出，马咬耳与众人都起哄了起来。

就在这时，梁德利老婆从屋里冲了出来，见她家门口围着那么多人，闹哄哄的，不明就里，开口就骂：“你们干什么来了？天刚亮就在我家门口嘈天巴闭，把我美梦也吵醒了。”

肥仔华指了指挂在香樟树上花底裤，说：“你看，那是什么？”

梁德利老婆顺着他所指望去，大叫起来：“哎呀，我昨晚穿的的花底裤怎么挂到树上去了？一定是哪个缺德的贼仔把它偷了出来。”

马咬耳明知而故问：“你要看清楚，这花底裤究竟是不是你的？”

忠伯搭上话来：“是呀，德利婶，你不要乱认呀！”

梁德利老婆的鸭公声大得震耳：“我自己的东西当然认得啦。村中有哪个女人的底裤有我这条花底裤大呢？这布料还是我和德利到县城那间富记布铺挑选的哩！不信，你问一问阿德利。”

梁德利想不到这件事被尚蒙在鼓里的老婆戳穿了，但他还是在矢口否认：“没……没这回事。”

梁德利老婆狠狠地瞪了他一眼，大声责备道：“当时你还对我说，这梅花图案好看。咳，这事才过了一个月，你这么快就忘记了？”

梁德利见这件事情被老婆穿了煲，一时间不知找什么话来狡辩：“我……”

梁德利之所以回家没有将这次打赌的事情马上告诉老婆知道，是因为他认为这次是稳操胜券的，想赢下两头大肥猪后给老婆来一个特大的惊喜。

肥仔华：“梁德利，你老婆已经亲口确认这花底裤是她的。你现在还有什么话可说呢？”

忠伯此时搭上话来：“梁德利，我作为打赌的证人，你这次抵赖是赖不了的。”

跟随而来的村民也在起哄：“梁德利，这回你赌输了。”

直到此时，梁德利老婆还是不知道这群人大清早聚在她的家门口卖什么药，拉了拉梁德利的手臂，问道：“你跟他们赌什么？”

梁德利没好气地：“还不是取你的这条花底裤？！”

“啪！”梁德利老婆气恼地当众打了梁德利一巴掌，骂道：“你疯了吗？竟然拿我的花底裤来赌？！”

机关算尽太聪明，这回是聪明反被聪明误。梁德利颓然地长叹了一口气：“唉！”

马咬耳显得颇有豪气，向忠叔问道：“我打算明天傍晚将打赌赢来的大猪杀掉一头，在你家大开筵席。在场的见者有份，大家痛饮一顿，来庆祝一番。好吗？”

忠伯笑着回答：“当然好啦！”

现场马上传来了一阵欢呼声。

马咬耳个子已有父亲那么高了，但令他父母亲头疼的是：马咬耳那调皮捣蛋的恶习却改不了，聪明才智常用在邪门歪道上，设局整蛊别人。为此，他父亲不断听到别人投诉而气得几乎“吐血”，骂他是“狗改不了吃屎”。而马咬耳对父亲的训斥又当作耳边风。他娘亲潘银凤看在眼里，急在心里，但也无计可施。

在天露山发生的一件偶然的事，彻底改变了马咬耳的人生轨迹。

马咬耳的姨丈姓苏，叫苏怀诚。他其实是沙村聚龙坊苏氏所出，他爷爷“攀耕”落籍到天露山脚里洞的牛岗村。每年清明他都回沙村参与祭拜苏氏的太公山。

像苏怀诚祖辈这样“攀耕”落籍到里洞山区的风气并不少见，如洛洞村的梁氏一系就是从太平沙村奕祥坊姓梁的“攀耕”过去的。每年清明他们都回奕祥坊乌鸦仔山拜梁宗秀的祖坟。

苏怀诚的父亲叫苏洛富，以前曾经到过北方的酒坊干过几年的活，偷师回到里洞自己开了一间“醉千觞”酒坊。苏洛富勤劳善良，起早摸黑地苦干，将北方采购来的大麦、高粱与大米按比例混合发酵，酿出的酒在南方清香型酒的基础上又带有北方酿酒的酱香，在当地及新兴县城有一些客户。苦心经营下他家境也算富裕。

苏怀诚长得高大英俊，人品又好。所以潘金凤从县城附近嫁到这山区来，夫妻勤劳致富，相敬如宾。酒坊规模虽然不大，但对于小富则安的苏怀诚来说，日子过得乐也陶陶。

随着岁月的流逝，苏洛富以八十五岁的高龄辞世了。

父亲去世后，苏怀诚继承了酒坊产业，顿觉得酒坊的人力不够，但一时间也不知道去哪里招人。

在一筹莫展之时，苏怀诚忽然想到了什么，对妻子说：“金凤，你的姨甥马咬耳已经长大成人了。你说他在家中闲着没事干，不知道他是否愿意来里洞给我们酒坊当帮工呢？”

潘金凤：“明天我下山到沙村那边去一趟。”

翌日，潘金凤起了个大清早，下山赶往县城附近沙村奕祥坊去找妹妹潘银凤，把叫马咬耳去里洞“醉千觞”酒坊帮忙的事说了出来。

潘银凤觉得这是个一举三得的好机会：一来可以帮助姐姐解决人力不足之困；二来里洞离县城较为偏远，儿子更容易在那里安心干活，学点技能，走上自食其力的道路；三来在帮忙姐姐干活之时时，潘金凤两夫妇可以在平时生活中多多开导教育自己的儿子。

马咬耳正闲得发慌，听到这消息后爽快地答应了：“要知道，我现在整天待在村子里好像井底蛙一样闷极了。现在姨妈的酒坊要我去帮忙，管我吃饭与住宿，有酒喝，每个月还有薪金发，行！”

当天，马咬耳就收拾好行李，跟随姨妈潘金凤往天露山去了。

马咬耳在里洞“醉千觞”酒坊干了几个月的活，便发现了问题：酒坊出产的酒质量虽然不错，但缺乏知名度，销售范围局限于里洞乡为主，偶尔要送小量的货到新兴县城的客商，总销量没有增长，只是“小打小闹”的小生意。

这天早上，旭日东升，彩霞满天。

“醉千觞”酒坊接到了订单：里洞与恩平县交界的甄家村族长要娶儿媳妇，在村中的大祠堂大摆筵席需要二百斤酒。

按照订单来出货，美酒共装了四大埕。马咬耳带着酒坊的另一位伙计挑着酒埕走路前往。

山区的天气就像小孩子的脸一样变化无常。

半路上风云突变，大风吹来了压顶乌云，接着下起了倾盆大雨。幸好山坳上有个半山亭，马咬耳和那位伙计得以进亭里避雨，才避免了淋湿身子。

大雨下了几袋烟的工夫就停了。马咬耳与伙计挑着酒埕继续上路，来到甄家村后，见村道上人头涌动，人人兴高采烈。大祠堂那边锣鼓喧天，正舞着狮子助兴。

马咬耳挑着两个大酒埕，快来到摆喜宴的甄氏大祠堂门口，心急时脚步加快，岂料，此时路面的花岗岩石板因大雨后变得十分湿滑。马咬耳的右脚往前一滑，重心不稳，身子朝前打了个踉跄，他整个人往前边扑倒了。

马咬耳肩挑的那两个缸瓦做的酒埕撞到地面花岗岩，“哐啷”一声，即时摔破了。埕里所盛的酒溅飞，流到地面四处都是。一阵香气马上盈溢在大祠堂的门口。

四周的人闻到这酒香后连舞狮子也不看了，赶过来都大声叫“好香”，有些酒徒还忍不住走上前来，用手蘸着破酒埕上残留的酒液放进嘴巴里，一边津津有味地舔着，一边大声叫香。

本来送货时打烂酒埕是件坏事，想不到对于“醉千觞”酒坊来说，却是因祸得福，皆因马咬耳是一个爱动脑筋、洞察力强的聪明人。他在甄氏大祠堂前摔破酒埕见到这情景后，马上得到顿悟：这是一个做生意的绝妙契机。

这天马咬耳回到酒坊，将在大祠堂门前摔破酒埕及引发自己顿悟的设想跟姨丈苏怀诚、姨妈潘金凤讲了道：“做大生意一定要有知名品牌。首先，我们酒坊生产的酒应该起一个好的名字。”

苏怀诚：“你认为应起什么酒名呢？”

马咬耳：“叫天露酒吧。我们这酒坊位于天露山麓，别人一看名字就知道这酒的产地。”

潘金凤紧接话头上去：“天露也叫甘露，观世音用杨柳枝沾着净瓶的水洒向人间，造福黎民百姓，那水就是甘露。”

“听你们这样说，‘天露’这酒名不错，”苏怀诚对着马咬耳，问道，“你打算怎样将这酒推向市场呢？”

“推销商品是讲求策略，更要讲究计谋。”于是，马咬耳便将自己的顿悟所得讲了出来。

面对马咬耳所提出来的销售新点子，苏怀诚是一个老实巴交的人，听后一时接受不了：“做生意要这样的手段似乎不太好。须知酒香不怕巷子深呀！”

“但我们这深巷里的酒香传出去不知要等到猴年马月了，”潘金凤对马咬耳的主意当场表示大力支持，“我们的酒虽然质量好，但是知名度不高，主要是缺乏销售手段，所以生意无法做大。商场有如战场。那些阵地你不去占领就要被别人占领。我觉得马咬耳这提议很好，因为这样做并没有危害他人，也没有损害别人的利益，只不过是用异样的手法去进行宣传销售而已。我们的货是好货，究竟买与不买，这完全是由顾客自己决定的。我们并没有强买强卖，也没有欺骗顾客。所以我认为马咬耳这销售手法值得一试。”

苏怀诚在家中历来拗不过潘金凤这个女强人，见老婆摆出如此多的理由，所以只能选择妥协，道：“金凤，既然你信心百倍，那就让马咬耳他们去试一试吧。”

得到姨丈和姨妈的首肯，马咬耳马上起程前往上沙村奕祥坊，见肥仔华后，开门见山地讲明来意，说请肥仔华到“醉千觞”酒坊当三个月的临时工。

肥仔华也像马咬耳一样，长大后无所事事。最近，肥仔华父亲打算拿出多年的积蓄，正在县城物色店铺，给肥仔华开一间小食店，让儿子走上创业的正道上去。所以肥仔华如今赋闲在家，听马咬耳讲明来意后，笑着说：“人道江山易改，本性难易。难怪四周的乡邻都笑我和马咬耳你是一对活宝。既然你要我出来帮忙你三个月，我也只有从命就是了。”

马咬耳见肥仔华当面答允，高兴地说：“好的，你今天就收拾简单行李，跟我往里洞那里去。”

肥仔华到职后，马咬耳就按预定的计划行动了。首选的目标是离里洞不算太远的恩平县城，这里店铺林立，酒楼、酒家不少。

马咬耳来到“恩城大酒楼”是中午时分，见里面顾客盈门，十分热闹，做了一个手势，带着肥仔华进去了。

肥仔华在大堂中央挑一个显眼的位置坐下，点了半只白切鸡和炒菜心，便取出随身带来的“醉千觞”酒坊所出产的“天露”酒，倒一些进金鸡大碗里，然后朝坐在另一隅的马咬耳使了一个眼色。

马咬耳会意地点了点头，站起来，故意大声地叫了起来：“哟，是什么东西这么香呢？”他这一举动是为了引起酒楼其他顾客的注意。

马咬耳眼睛四下环顾，用力地抽着鼻翼，走到肥仔华的桌子前，假装并不认识他，指着桌面碗里的酒，说：“是不是你这酒的香气呢？”

“是呀，客官，你不妨尝一尝。”肥仔华言罢，拿起酒瓶，给马咬耳的杯子倒了一点点。

“哟，确实好香呀！”马咬耳将酒杯放到鼻子下，用力抽了抽气，才喝了一小口，装出一副十分陶醉的样子，啧啧称赞，“哟，这酒入口后，齿颊留香，荡气回肠。”

肥仔华开腔作了特别介绍：“这‘天露’酒又香又醇，带有的特别香味是酱香。”

“这酒有一种特别的香味是酱香？”马咬耳把这话大声地重复着，侧身见肥仔华邻台的一位中年人闻到酒香后舌头伸出嘴巴来回舔着，知道这酒鬼是猎获的好目标，便上前怂恿道：“哟，老哥，看来你是一位饮酒的行家，你来亲自尝一尝，看这酒行不行？”

那酒鬼流着涎水，此话正中下怀，便拿起自己的大碗过来，离座拿起肥仔华台面的酒瓶，倒了一些到大碗里去，仰头喝了，连声称赞：“好，的确是好酒，我饮酒二十多年了，从来都没有饮过这么又香又醇的酒。”

马咬耳趁机鼓动旁边的顾客前来尝一尝，各人品尝后都大声称赞。

马咬耳知道趁热打铁的时机已到，装出一副羡慕不已的神情，问道：“喂，肥佬，这么好的‘天露’酒你是在哪里买来的？”

肥仔华手指向里洞的方向：“这‘天露’酒是我前天在天露山麓里洞乡那边的‘醉千觞’酒坊买的。”

马咬耳：“里洞乡是深山之处，你怎会跑到那里去买这酒呢？”

肥仔华举起酒瓶，作出回忆的表情：“有朋友介绍我，天露山岩石缝里流出来的泉水，天然清纯又香甜，不但适宜用来做豆腐、腐竹和油炸，也是用来酿制美酒的绝佳原材料。听说‘醉千觞’酒坊酿制这‘天露’酒时就是用那些泉水。而酿酒师是三代百年传承，承用家传秘方，古法酿造，所以酿出来的酒与众不同。我不太相信，专程到那间酒坊去尝了一下，哗，果然是绝妙好酒！”

“听你这么介绍，我也怦然心动了。”马咬耳引颈而问，“这酒贵不贵呢？”

肥仔华：“不贵，价廉却是物美。听闻省城有大官摆喜宴也指定要用这‘天露’酒哩！”

马咬耳眨巴着眼睛：“哗，这么好？！是不是真的呀？”

刚喝过酒的那个中年酒鬼也伸长了脖子，追问：“喂，肥佬，你这是坚料还是流料呀？”

“当然是坚料啦！”肥仔华一脸认真，“所以我一下子就买二十多瓶，还帮朋友买了十多瓶哩！”

马咬耳装得大为心动：“好呀，过几天我横竖要到里洞乡去办事，到时去‘醉千觞’酒坊买它几十瓶，藏着慢慢品尝。”

中年酒鬼：“听你们这么说，我也要去买一批回家藏着。”

围观的酒客七嘴八舌，都说要前往里洞乡的“醉千觞”酒坊买酒。

肥仔华见群情沸腾，便趁风驶帆，带有警醒的口吻说：“你们要买就得趁早，须知苏州过后无艇搭。那边的人都争先恐后去抢购，听说那酒坊产量不高，有时会断货的。”

肥仔华长得肥肥墩墩，相貌忠厚，乍地看来是个“担屎也不会偷食”的老实人。

马咬耳与肥仔华这两个活宝从小到大都是好搭档，这次前往两人预先背好台词，演练过多次，所以外人根本看不穿他俩演的是双簧戏。

马咬耳就是用这样手段，外出到了新兴县城、阳春县城、开平大沙、春湾等人流多的地方，与肥仔华不断重复地在酒楼将这双簧戏演得十分逼真，来推销“醉千觞”酒坊所出产的“天露”美酒。

果见奇效！潘金凤从登记表中发现，凡是马咬耳与肥仔华去演过这双簧戏的地方，都会增加了不少新客户。

马咬耳见这样的营销手段效果不错，就与肥仔华分头邀请以前的好朋友，教他们背好台词，去演双簧戏，这样来推销“醉千觞”酒坊那带酱香的“天露”牌美酒。当然，酒坊做好登记，会根据他们所增加的销售量适当提成给他们作为奖金。

经过马咬耳这么操作，三个月后，苏怀诚的“醉千觞”酒坊果然名声大振，客似云来。

见生意大有起色，马咬耳又给潘金凤夫妇出了一个新主意：“我们搞一个‘醉千觞’酒坊开业二十周年志庆活动，说是大酬宾回馈社会。十送一，买十瓶实得十一瓶，买十埕实得十一埕。”

苏怀诚一听，立时皱起了眉头，摆着手：“如果这样的十送一，我们岂不是卖出越多，就亏得越多？”

马咬耳：“不会的，这样做既不会让我们吃亏，也不会让前来的顾客吃亏。”

苏怀诚大惑不解：“有道是针无两头利，世上难道真的会有双方都不吃亏的生意？”

马咬耳解释道：“我们可以将最近所产的‘天露’酒改动一下，说这是研发出来的新品种。”

苏怀诚有所领悟：“这样做其实是换汤不换药。”

“唔，就是换汤不换药。”马咬耳点头认同，“我们不妨细算一下，本来一埕酒的价钱是卖一两白银。十埕就是十两白银，是吗？”

苏怀诚：“对呀，这样的显浅的数连小孩子也会算。”

马咬耳：“现在我们将这所谓的新品种提高到一埕卖一两一钱白银，那么买十埕是多少两白银呢？”

苏怀诚即时回答：“还是一字那么浅，十埕就是十一两白银嘛。”

“对，”马咬耳点了点头，“我们现在的销售策略是十送一，即是顾客前来买十埕新酒就要交给我们十一两白银，我们再送他们一埕。姨丈，我问你，最后的结果是不是他们花十一两白银买我们酒坊十一埕酒呢？”

苏怀诚：“听你这么一算，确实是十一两白银买我们十一埕酒。”

马咬耳："所以，这是比一字更浅的数学。"

潘金凤忍不住插上话来："如此说来，我们一下子的销量就可以凭此增加一成，好呀！"

这么一算，苏怀诚彻底服了："马咬耳，这个点子好！按你的办法去做，我们酒坊的生意马上会更好了。"

马咬耳："人性有个弱点，一般人都有个贪念。听到十送一，便以为自己白白占了大便宜，其实是在心理上欺骗了自己而已。"

潘金凤："更重要的是，我们这样做在利益上并没有让顾客们吃亏。"

苏怀诚向马咬耳伸出了大拇指，赞扬道："哟，这样好的鬼点子也只有你才能够想得出来。"

马咬耳咧齿笑了起来："我们新兴当地人不是有句口头禅'有计食计，无计食泥。谂计好过担泥'吗？"

经过马咬耳和肥仔华在里洞四周的城镇酒楼所演的双簧戏，"天露"酒的品牌很快就誉满四方。"醉千觞"酒坊生意更加兴隆，越做越旺，不但新兴县城的人前来购买，甚至恩平县、开平县的客商也慕名翻山越岭前来取货。

苏怀诚年底作了一次结算："醉千觞"酒坊这一年的营业额与利润比去年翻了一倍多。

九 塞北一行增见识

天露山的北麓有一条弯弯曲曲的山路，直通山巅。这条古驿道的入口处有一座用花岗岩石块砌就的石门楼，不远处的交叉路口上有一个一尺多高的石碑，上面凿着的字是：右边，往恩平；左边，往开平。这条古驿道从古到今都是贯通新兴山区与恩平、开平、阳江那边海滨的一条重要通道。

“山间铃响马帮来”。千百年来，从云贵高原和其他地方过来的马帮，驮载着交换的物资在古驿道上来回行走，马蹄声与“叮叮当当”的悦耳驼铃声打破这里的沉寂幽静，给天露山带来了独有的风情。当年大文豪苏东坡流放海南从惠州转到广州，本来是溯西江而上广西梧州，经容县乘船沿南流江往雷州的，恰逢农历龙舟水太猛，故而转入潭江，从开平处上天露山古驿道，从陆路经新兴县城再上梧州。故此，这条古驿道更增添了浓厚的文化色彩。

山巅上有一个几十亩地大的草坪，这就是当地久负盛名的“接马坳”。接马坳是镖局、马帮交换货物的接头处，也是迎接高级京官的接马地。

离接马坳不远有块面积很大的高山草甸叫天堂坪，也叫天堂墟坪。这是繁荣的通商贸易集散地和卖武献艺、做大戏和屯兵聚匪的地方。

每逢约定俗成的墟日，天露山东西两边的人们就会各自上山来，高耸入云的天堂墟坪便会变得人头攒动，热闹非凡。这山顶墟坪成了南中国山上的一大奇观。

这一天，里洞、洛洞这边的山里人拿着近日采摘到的木耳、香菇、竹笋、山草药等和猎狩所得的野兽来到天堂墟坪；而恩平、开平、阳江那边的商贩则将鱿鱼、章鱼、咸鱼等海产品及腐乳等物品带到山顶上来。两地的人们在互相讨价还价，交换各自带来的物品，然后心满意足地带着换来的所需品返回自己的家。

一千多年来，天露山顶的天堂墟坪上，两地的人们在那里做生意，交换货品，墟墟这般，年年如此，岁岁不息。

在民间的世世代代，接马坳和天堂墟坪上发生了不少关于兵勇、官吏、商人、强盗、山贼的故事。

苏怀诚的酒坊除了卖一般带酱香的原酒外，他还经常进天露山这个南药大宝库里采一些山草药，回去浸泡各式各样的药酒。

这一天，苏怀诚上山采药，在半山听到“救命”的声音在峡谷里回荡，连忙遁声赶了过去，见到那边的古驿道边聚集着一群人与一些马匹。他们的穿着跟岭南人截然不同，原来这是从塞北来的一队马帮。

苏怀诚问及原因，才知道这队马帮刚才在古驿道走着，路旁草丛中突然蹿出了一头大山猪，将马帮领队所骑的那匹马惊吓得在古驿道上狂奔，并将马帮的领队掀翻下来，跌落到古驿道边的山崖去。那些同行在山崖边探头俯瞰下去，只见下面是密密麻麻的原始森林与数不清的蒿草丛。他们因为不熟悉这里的地形，对着坠落在山崖下面的领队是生还是死无从得知，只好在山崖边大呼 “救命”。

苏怀诚曾经多次用绳索缒着身子下这山崖采过药，得知情况后，安慰道：“你们不要过于惊慌，待我下山崖去看看。”言毕便将随身带来的绳索绑在驿道旁边那棵大松树上，顺着绳索往山崖缒到下面去，终于发现了这马帮的领队。

这马帮的领队名叫巴图额尔，年约四十，长得阔口大脸，身材魁梧。这一回算他福大命大，在坠落时被崖边伸出的一棵松树托住了，只是被松枝擦伤了脸部与手脚。

苏怀诚将绳索绑在巴图额尔的身上，大声叫山崖上的马帮将他拉上去；然后待绳索再度放下后，自己就扯着绳索攀崖上山去了。

苏怀诚见巴图额尔身上受了伤，在路边不远处采摘了一些山草药，放在嘴巴里，咀嚼烂后敷到他伤口处，替他止血止痛。

此时，夕阳已收下了最后的一脉余晖，苍茫的暮色笼罩着天露山的峰峦与树木。苏怀诚见这队马帮尚未进餐，就邀请他们到山下的“醉千觞”酒坊做客。

苏怀诚给大家捧上了天露山出产的香茶，众人细细品过后赞扬声一片。

苏怀诚还杀鸡煮饭招待马帮们。

热气腾腾的酒菜捧了上来，香气四溢，引人垂涎。

马帮们来自塞满北，饮酒都是用海碗的，这次来到酒坊，更是敞怀痛饮。

巴图额尔两碗下肚后，将大碗递到苏怀诚的面前晃了晃，啧啧称赞：“你们酿出来的酒既醇又清香！”

苏怀诚：“我们酿出的酒是南方清香型的基础上又带有北方的酱香型，主要是酿制时用天露山岩石缝流出来的泉水。村民们上山劳作，口渴时就是直接饮那些山泉水的。”

正在这时，外面传来了婴儿的啼哭声。

巴图额尔：“哦，有婴儿啼哭，是不是他饿了？”

苏怀诚笑了起来：“那不是婴儿啼哭，而是娃娃鱼的叫声。”

巴图额尔：“我只听过娃娃鱼是世上珍稀的鱼，却未曾见过。”

苏怀诚：“那些娃娃鱼就在我们酒坊后山的水池里养着。”

巴图额尔与其他马帮听后，兴趣来了：“你带我们去看看，见识见识。”

“好的。”苏怀诚便带着巴图额尔一行人来到酒坊水池旁。

水池由几块大岩石天然形成，石上有绿色的苔藓，泉水从石缝里源源不断地涌出，流进池中，池水清澈无比，里面有几条约一尺长的娃娃鱼在畅游戏水。

巴图额尔惊讶地：“哟，原来这些娃娃鱼还有脚的哩！”

苏怀诚：“这些娃娃鱼是我从山顶处捉来放养的，它们要求所处环境的空气好，水质特别好。我将娃娃鱼放养在这里，凭此检测水的质量。”

巴图额尔：“你们酿酒就是用这池里的水？”

“是的，使用时还需要经过进一步的过滤处理，”苏怀诚点了点头，“为了防止有人投毒或由其他因素引起的水质污染，这些活着的娃娃鱼便可以作为明证。”

“你们考虑真是周到，难怪喝你们酒坊的酒特别香醇。”巴图额尔对苏怀诚感慨地说，“我这次跌落悬崖变成因祸得福。皆因有机缘而认识你，还得到这么好的享受。”

“享受？”苏怀诚被他的话中有话触动了一下，“今晚你们可以再来一番新的享受。”

巴图额尔：“什么新的享受？”

苏怀诚指向山上：“我们酒坊不远处的山中有一个水潭，里面冒出的是温泉。你们到那里浸泡一下，保证很快就会消除疲劳。”

巴图额尔与众人听后，大叫：“太好了，太好了！”

苏怀诚：“大家饭后休息静憩一会儿，我再带你们前去那里浸泡温泉。”

天露山的夜，清风徐来，抚人脸颊。

此时皓月当空，繁星满天，大有唐代大诗人王维笔下“明月松间照，清泉石上流”的意境。离苏怀诚酒坊不远的山上水潭里，周围长着桫椤和各种蕨草，温热的泉水“咕咚”“咕咚”地往上冒。有几只幽绿色的萤火虫在水潭四周来回飞舞着，为这山中的夜陡添了神秘的气氛。

巴图额尔与马帮们浸泡在温泉的潭中，疲劳顿消，全身舒坦极了。他们仰头望着宝蓝色苍穹上的朗月繁星，听着大自然的松风涛韵和草虫的吟唱，胸中涌起了一种从未有过的诗情画意。

在浸泡完温泉，返回“醉千觞”酒坊后，巴图额尔代表马帮对苏怀诚表示谢意，当面掏钱给苏怀诚，但却被苏怀诚与潘金凤婉言谢绝了。

“陌路相逢，你们一家对我们如此的浓清厚意，给钱你们又不收，我们不知道该如何回报才好。”巴图额尔表示谢意后，凭着他们走南闯北的经验，对苏怀诚说，“这几年，我们多次经过天露山这古驿道，山顶处的天堂墟坪和接马坳是山民们与开平、阳江那边的人交换货物的地方。人们挑着货物前往，上山道路陡峭且弯曲，路途遥远，既辛苦效益又低。你们经常要运酒到外地去，用肩挑着走得慢来又辛苦，何不买几匹马，用来运酒到外地，这样既省时省力又运得多，还可以用马匹帮山民们运货赚钱呢？明摆着可以多一门收入，你们家境肯定会比现在富裕得多。”

潘金凤是一个头脑清醒、思维敏捷的人，听到有这么好的项目，马上赞同：“这个主意很好，因为这是独市生意。我们相信，如果在生意场上另辟蹊径，我们家如果真的有几匹马，我们将酒发往外地就不用靠人肩挑去送货了，变得又快又省时；还可以减轻山民们挑货上山的苦处，又可以让我们家庭更加富裕。”

苏怀诚却是脸有难色：“这建议的确是好，买马的钱我们虽然有，但到哪里去买马匹呢？”

巴图额尔说：“苏老兄，我们家乡那边有很多骏马，我可以带你到我们那里去挑选。”

苏怀诚：“你们家乡在哪里？”

巴图额尔扬手指向西北的方向：“我家乡在塞北伊克昭盟的札萨克旗，那里有成吉思汗陵，到处都是马匹和牛羊。”

潘金凤：“哎，那可是很遥远的地方呀。”

巴图额尔：“路途确实是远了些，但你看我们这群人，为了生活，不是骑着马走遍天涯海角了吗？”

苏怀诚：“这也是。但我们哪会区分马匹的好与坏呢？”

巴图额尔热情地：“你们大可放心。如果到了我们家乡，我们就会帮你们挑选出好马的。”

苏怀诚眉头皱起：“即使我们买到了马匹，我现在不会骑马，又到哪里去找骑马的人呢？”

巴图额尔鼓励道：“学会骑马这件事，说易并不易，说难其实并不难，我可以教你们。”

马帮其他人也纷纷开言，说可以尽心教苏怀诚他们学骑马。

苏怀诚对着潘金凤说：“到塞北去买马，路途那么遥远，一去一回要好几个月，我们的酒坊？”

潘金凤回答道：“这一点你大可放心，酒坊的酿酒、管理与营销等工作现在已经走上了正轨。全部交给我便行了，你尽管放心去。”

苏怀诚还是有些为难：“去那么遥远的地方，我孤身一人去不方便呀！”

“是的，”巴图额尔点了点头，“你最好有个好帮手，有事好商量，来回的路途可以互相照顾。何况以后组织一个马队，就先要有教练，然后带会一批人呀！”

苏怀诚一时之间找不着北，双手往外一摊：“我们到哪里去找好帮手呢？”

潘金凤听着他们对话，脑海里灵光一闪，插话进来：“找人并不难，我的姨甥马咬耳就是一个。”

巴图额尔一怔，继而笑了起来：“马咬耳？你姨甥怎么会有这么古怪的名字？”

“我姨甥今天外出去送快件，明天回来。他的真正名字叫梁文才，马咬耳的名字可有一段来由哩。”潘金凤向马帮们讲起马咬耳小时咬父亲耳朵与后来专门整蛊人的一些事情来，引得马帮们大笑不止。

巴图额尔对潘金凤说：“人最怕好像木头一样整天呆坐着不动。听你讲来，你姨甥以前干了那么多的恶作剧，绝对是一个极其聪明的人。只要引导得好，便是一个难得的人才。”

巴图额尔热情地邀请：“这样吧，我们把货物送到货主那里去，要花费三天左右。我们在归途时路过这里，你们就跟马队一起到我们塞北家乡去。我保证好好地款待你们。”

苏怀诚兴奋地：“好呀，我与马咬耳到时就有机会领略一下塞北的异域风情了。”

翌日上午，马咬耳外出送快件回到“醉千觞”酒坊，潘金凤将派他与苏怀诚跟马帮前往塞北一事讲了。

马咬耳平日爱玩耍，喜欢接触新生事物，听说这一回有机会到外面的世界闯一闯，可以观看沿途的秀丽风光，开开眼界，这正是求之不得的，便一口答应下来。

几天后，马咬耳和苏怀诚跟随着巴图额尔那队马帮踏上了遥远的征途。一路上，他们得到巴图额尔和其他队员的悉心照顾，大家一边走来一边讲笑，几个月后，终于来到了塞北的伊克昭盟（即现在内蒙古的鄂尔多斯）札萨克旗。

绿色的大草原一望无涯，风吹草低见牛羊。帐篷、敖包、羊奶、酥油茶、奶酪、手把肉、马头琴……塞北大漠风情的一切，对久处岭南山区的马咬耳和苏怀诚来说都是新鲜的。他们还有机会参加了蒙古族历史悠久的“那达慕”大会，在这欢庆丰收的传统节日中，现场观看了摔跤、赛马、射箭、棋艺、歌舞等极具草原民族特色的比赛。其后，巴图额尔还带马咬耳他们参观了七星湖沙漠、响沙湾，还去拜谒成吉思汗陵。

在巴图额尔的耐心指点下，勤奋好学的马咬耳和苏怀诚很快就掌握了骑马的技术，也学会了如何挑选良驹好马。

时间似流经伊克昭盟的黄河水一样不知不觉流逝去了，冬天女神的脚步不知不觉就踏进了塞北大漠。

外面雪花飘飘，大地变成白茫茫的冰雪世界。无情的北风尖叫着，卷起地面的一些积雪。

马咬耳与苏怀诚这两个长期生长在岭南的山里人，从来都没有见过下雪，面对着塞北冬天的情景，初时感到十分新奇，但很快就觉得寒气钻入骨髓，十分难受。

塞北的清晨天空格外寥廓，朔风从蒙古包底部的缝隙钻了进来。

马咬耳起床后，穿着宽大的蒙古长袍，双手紧搂着肩膀，一边跺着脚，一边叫苦：“哟，这么冷，实在受不了。”

苏怀诚也冷得牙关打着战：“是呀，这里的冷风好厉害，好像利刀插进骨头里似的。”

就在他俩冻得瑟瑟缩缩的时候，又厚又重的帐篷门帘一挑，巴图额尔拿着两件棕色的衣服进来，给马咬耳和苏怀诚每人一件，带着道歉的口吻说：“哟，昨晚我从外地回来只顾忙着与伙计们结数，今晨起来才发觉天气变得奇冷，来，这是给你们御寒的衣服。”

苏怀诚与马咬耳接过衣服，马上穿在身上，很快，就觉得全身暖烘烘的。马咬耳用手摸了摸那布料，觉得既轻盈又光滑，再拉了拉衣角，好奇地问道："这是什么东西做的？虽然不是很厚，但是穿上去好像穿了火袍一样。"

苏怀诚也点了点头："是呀，这样的羊毛衫我在家乡从来都没有穿过。"

巴图额尔认真地："这不是羊毛衫，而是羊绒做的衣服，当然是暖和的了。"

"羊绒？"马咬耳似有所悟，"我明白了，就是用那些长在羊身上并且卷起的长毛做的衣服。"

巴图额尔笑着摆了摆手："不，你说那种羊是绵羊，绵羊根本不产绒，只产毛，它们取下来的毛叫羊毛，所以不存在什么绵羊绒衫。须知，这衣服的物料是羊绒。"

马咬耳："那么，是什么样的羊身上才产这种羊绒呢？"

"是我们这高寒地区的山羊，"巴图额尔作进一步的解释，"羊绒是生长在山羊外表皮层，掩在山羊粗毛根部的一层薄薄的细绒，入冬寒冷时长出，抵御风寒，每年春季转暖，在山羊脱毛之际，我们用特制的铁梳从山羊躯体上抓取下来的绒毛，称为原绒。洗净的原绒经分梳，去除原绒中的粗毛、死毛和皮屑后才能得到山羊绒。这稀有的特种动物纤维，保暖性和吸湿性很好。我们这里山羊所产的羊绒是闻名海内外的。"

苏怀诚感慨地："啊，原来羊与羊之间的毛也有那么多的学问。"

马咬耳有些省悟："如此说来，山羊绒与绵羊毛是内在质量截然不同的两种产品。"

巴图额尔点了点头："是的，羊绒的保暖度是羊毛的两倍至三倍，而重量却只有羊毛的五分之一。一只山羊一年仅能产一两左右的毛绒，也就是说六七只山羊一年所产的绒仅可制作一件普通羊绒衫。所以，羊绒衫的价格一般是羊毛衫的七倍甚至十倍。”

苏怀诚：“啊，看来这山羊绒真是很珍贵呀！”

巴图额尔：“是呀，所以内行人将山羊绒称为‘软黄金’或‘钻石’哩！在我们这产地穿起羊绒衫已属名贵，外面的世界只有皇亲国戚、达官贵人才能够穿得起这些羊绒衫的。”

马咬耳扯了扯身上穿着的那件羊绒衫，笑着对苏怀诚说：“姨丈，我和你这一回也当起皇亲国戚与达官贵人来了。”

苏怀诚也敞怀大笑起来：“想不到我们这些山里人也有这么高级的享受呀！”

“你们是我们这里的贵客嘛，”巴图额尔兴致上来，话匣打开，“不过，即使都是山羊绒衫，它的质量好坏优劣里面还有更多的学问哩！”

马咬耳是一个好奇心特别强的人，说：“或许我与姨丈以后会飞黄腾达，你教一教我们如何区分羊绒衫质量的好与坏可以吗？”

“好的。”巴图额尔见马咬耳的求知欲望那么强，就滔滔不绝地向他和苏怀诚讲起来了。

巴图额尔讲得特别认真，而马咬耳也听得特别认真。世间事物是千变万化的，谁也想不到，马咬耳这一次塞北之行，竟然成了他日后人生路途上的一个重要转折点。

苏怀诚与马咬耳这次来到伊克昭盟的大草原，在巴图额尔他们的帮助下挑选了几匹好马，经过长途跋涉，回到新兴天露山下。

苏怀诚与马咬耳当起了教练员，教招来的青年们学会了骑马，组成了天露山下的第一个马队。

马咬耳对马匹情有独钟。他每天到山上割草喂马，替马洗刷身子。有一匹红鬃马，全身的毛油光发亮，是马咬耳最为钟爱的马匹，没事的时候他就骑在红鬃马上到四周溜达。

里洞附近的村民如果想将自产的山货运到遥远的天露山顶天堂墟坪

去，与开平、阳江等地的人交换海味或其他干货，肩挑背扛爬那弯弯曲曲、陡峭的山路，就会累得要命，时间又拖得十分长；所以他们经常前来找潘金凤，委托她用马队替他们将山货运到山顶去作交易。

每逢到天堂墟坪的墟日，马咬耳就会从姨妈那里接到一个任务：骑着他心爱的那匹红鬃马，带领驮着山货的马队，后面跟着的是步行的山货货主，在天露山长长的古驿道往上行，直指山顶的天堂墟坪。那情那景，蔚为壮观。傍晚时分，马咬耳顶着夕阳与晚霞，率领着马队，带着货主，驮着从山顶换回来的海味干货原路返回。

从此以后，天露山那条通往开平与恩平的古驿道就出现了这个马队的身影。

马咬耳乐意干这份工作，因为可以在干活的同时，随着春夏秋冬四季的变化，还可以在路途中赏心悦目地观看天露山古驿道两旁早晚不同的景色变化。

里洞学校的刘玉轩校长也是塱村李掌教的学生，只不过是比马咬耳高了几届而已。一次回去拜访李掌教时，李掌教向他推荐了马咬耳。

于是，刘玉轩校长到“醉千觞”酒坊登门拜访，诚意邀请马咬耳当里洞学校的课外老师。

马队替人运货上山不是天天都有生意的，潘金凤觉得这也是让自己姨甥到社会去历练的好机会，所以大力支持马咬耳去担任里洞学校的课外老师。

这么一来，马咬耳在姨妈家中干活，包食包住，每个月可以领到不低的薪金；加上去当课外老师，每个月又多了另一份收入。

而潘金凤家中拥有这么一个运输马队，又拥有一些长期熟悉的客户，在里洞方圆十里都是独市生意。她的经营手法得当，所以客似云来。

马咬耳历来是不会满足于现状的，他还给姨妈潘金凤出了一个主意：可以把马队运货的范围往外拓展。

潘金凤见这个主意好，就让马咬耳来当负责人，带着手下几匹马往外拓展。马队将新兴所产的灵芝、冬菇、笋干、腐竹、凉果等物运到珠江三角洲那边去，回程又将西樵大饼、顺德鲮鱼干、大良崩沙、九江煎堆、新会头菜、肇庆裹蒸等运回来交给新兴县城挂钩好的店铺。

一时间，潘金凤所开酒坊与马队的生意做得红红火火。

有道是，树大会招风，生意好就会遭人妒忌。

十 害人害己终彻悟

里洞镇有一位财雄势大的财主，名叫钱乐福，长得肥头大耳，眉头稀疏，两眼细小，身材像只大龟鳖。钱乐福的主业是做木材生意的，将天露山的杉木运出山外到新兴县城一带，卖给人家建房子，在里洞镇算得上富甲一方。

有道是，人心不足蛇吞象。钱乐福看见每逢墟日，苏怀诚夫妇的马队帮村民驮货到山顶天堂墟坪去，一来一去，都是生意兴隆。细细算了算那些运输的收入，他不由得心生嫉妒。

钱乐福思前想后，觉得办马队是一个让自己富上加富的途径，便从外地买回十多匹壮马，从大西北雇请来的那位骑手叫马占刚，懂一些武艺，既当驯马的师父，也当武术的教头。

钱乐福挂起了“雄风马场”的招牌，大做宣传，也用作替村民运山货上山顶天堂墟坪。

钱乐福在生意场上打滚了多年，为人颇有心计。他派人暗中打听到潘金凤每天替村民们运货的价钱后，就立即将自己马队的运货价定得比苏怀诚的马队低一些，以此来争夺客户。

价低者得，这是商场无情的游戏规则。不仅如此，钱乐福还使用了一些卑劣的伎俩：派人到通往苏怀诚家的路上守候，如果见到有人携货要雇请苏怀诚的马队运上天露山顶，他们就出来“截和”；要么用小恩小惠，要么用恫吓手段，将那些客源抢走。这么一来，钱乐福的“雄风马场”就抢走了苏怀诚马队的不少生意。

苏怀诚与潘金凤素来知道钱乐福的人品，只好压低自己用马队运输上山的价钱，来维持生计。

对于苏怀诚与潘金凤的忍让，钱乐福仍然不知足，他的目的是要让苏怀诚的马队因生意无以为继而倒闭，让他一人独揽这方圆十里的运输生意。

一天，苏怀诚接到了一批生意，要替村民运山货上天露山顶的天堂墟坪去。马队进山后，才过了护洛桥，就看见马占刚骑着一匹浑身发黑的乌骓马带着雄风马场的另外两匹马在前面缓缓而行。苏怀诚在后面赶上来后，在路面稍为宽阔的地方，苏怀诚有礼貌地叫他稍为让开一点，让自己的马队通过，但马占刚却故意拦在路的中间不让路。马占刚显然是听从其主人钱乐福的吩咐而故意这样做的。

苏怀诚明知对方是在故意刁难自己，但畏惧马占刚为人凶狠，只好忍气吞声地慢悠悠地跟在他的后面上山……

一些村民害怕钱乐福与马占刚给自己与家庭带来麻烦，所以不敢来找苏怀诚的马队运货上山，倒成了钱乐福那个马场的常客。

苏怀诚见前来求自己马队运货的客户日益减少，心里干着急，他头上的白发在短短一个月内竟然陡增了不少。

马咬耳见姨妈马队的生意逐渐惨淡，还经常听到姨妈在家里长吁短叹，知道其原因是钱乐福他们在生意场上并非是良性竞争，而是仗势欺人，心里也不好受。

残月如钩，挂在墨蓝的苍穹上，不时被流云遮蔽。银河迷迷茫茫，疏星无力地眨着眼，发出冷淡的光。山野的花草树木全都淹没在沉沉的黑暗中。

一匹快马驮着一位青年，他前面放着两麻袋的东西，在天露山古驿道上穿过夜之黑幕缓缓而行，来到香榴坪处的路上停了下来，翻身下马，将两麻袋的东西取了下来，解开捆扎着袋口的绳索，将麻袋里的东西撒在路面上，再均匀地拨了开来……

翌日，太阳刚爬上了树梢，晨鸟还在院子外的大树上唧喳地欢叫着。

马咬耳刚刚嗽洗完毕，在院子里伸展着腰肢。忽然，潘金凤从外面急匆匆地走进院子来，

平时，姨妈做事从来都不会太心急，做事常像急惊风遇着个慢郎中。

马咬耳奇怪地问："姨妈，大清早你就出去过了？"

"是呀，"潘金凤的脸色有些阴沉，就像经常荡过天露山上的乌云，"'雄风马场'的马队出事了。他们有好几匹马送货上山时在半路上滑倒了。"

"啊，有这么一回事？"马咬耳心中有数，却整色整水地问，"姨妈，他们在哪个地段滑倒的？"

潘金凤手指着山上："在香榴坪不远的古驿道上。"

马咬耳知道自己设置的陷阱得逞了，装作认真的样子："在山上的古驿道骑马，山路又窄又陡，加上这几天刚下过大雨，他们怎么不小心上路呢？"

潘金凤："就是嘛，'雄风马场'的马从陡峭的山坡上跌了下来，伤了好几匹，人也跌伤了三个，有一个还跌断了手臂。这一回他们的损失也算惨重呀！"

马咬耳的话带着幸灾乐祸的口吻："姨妈，前一段时间，他们那边的

生意做得红红火火，你的生意却是冷冷清清。如今，他们的人与马都受了伤，我看他们一时难于恢复元气，你的竞争对手这一回输掉了。”

“我的竞争对手输掉了？”潘金凤听到马咬耳这些话，并没有喜形于色，“他们那边的人与马受了伤，这并不值得我高兴。生意场上，只能够是良性竞争，不能靠邪门歪道去赚钱。”

马咬耳：“这……这也是……”

潘金凤：“上山的道路虽然是窄小些，但都是可以平安地通过的。他们跌倒后，拖着伤残的马匹与背着受伤的人下山，责怪天雨后路滑跌倒的。”

马咬耳点头认可：“我看这是八九不离十。”

“我看主要原因并非是这样。”潘金凤的瞳仁闪射出几点火星，“路面上铺满了黄豆，他们的马踏到黄豆上滑倒了。”

“啊，这事确实有点离奇。”马咬耳的嘴巴是这样说，但自己做过的事情最心知肚明：香榴坪那一段路上的黄豆是自己在昨夜撒下的。

随后，潘金凤对马咬耳说：“我刚接了一单生意，有位山民要运两大袋笋干上山顶的天堂墟坪去，你替他前去吧。”

“好的。”马咬耳应声离去，到货主那里装好两大袋笋干后，骑马便直指山顶，在经过香榴坪的那段路时格外小心，紧勒着红鬃马的缰绳，缓缓而行。

马咬耳低头望去，那段路已经被人打扫得干干净净了。在穿过香榴坪那处“危险”路段后，马咬耳才扬鞭策马在古驿道撒蹄飞奔。山风在马咬耳的耳畔呼啸而过，山路是一高一低，坑坑洼洼的，红鬃马忽然往前一滑，便来个马失前蹄，朝前扑倒，就势将骑在马背上的马咬耳抛摔下来。说来也巧，马咬耳朝前飞甩出一丈多远，重重地摔了一跤，跌得他眼冒金星，一团白雾瞬间蒙在眼前，随即是一片漆黑，不省人事了。

当马咬耳再度睁开眼睛的时候，发现自己躺在一张床上，面前站着一位年过半百的僧人。他长得身材魁伟，浓眉大眼，国字脸形，鼻正嘴大，皮肤略黑，穿着一件黄色僧服。

马咬耳觉得奇怪，艰难地发问："你……你是？"

中年僧人双手合十，行了一个礼，回答道："贫僧法号延庆。"

马咬耳环顾四方，见一切都是那么陌生，问道："大师，这……这是什么地方？"

延庆禅师回答说："天露寺。"

延庆禅师自幼便入天露寺，是智昌大师的首徒。前年，智昌大师以八十岁高龄安详圆寂后，延庆禅师便接过他的佛灯，成了天露寺的住持。

"啊，天露寺？！"马咬耳巴眨着迷茫的眼睛，"我怎么无端端地来到这天露寺呢？"

延庆禅师："你在古驿道上堕马受伤了。"

马咬耳定睛回忆起来，的确，自己骑马上山，正在古驿道上奔驰，忽然觉得马失前蹄，自己从马背上朝前冲出去，以后便……

延庆禅师扬手指向山的那边："贫僧与徒弟上山采摘蘑菇回来，刚巧路过那里。见你堕马受伤，昏迷不醒，我就将你背到天露寺来了。"

马咬耳觉得头部隐隐作痛，伸手往头顶摸去，知道已被布包扎过，问道："我的脑袋？"

延庆禅师指着他的头部说："你的头部撞到岩石上了，流血不止，也染红了你身上的衣服。幸好路边不远处有止血的山草药，我过去采摘用嘴咀嚼烂，替你敷到伤口上，再扯下僧袍撕成条，替你包扎好才使伤口止了血。现在你能醒过来，现在看来应该没有什么大碍了。"

"啊，原来是这样，"马咬耳内心涌起一阵热浪，感激地，"今天我逢劫难，如果不是得大师救助，或许我会暴尸山野，成为虎狼之美食。"

延庆禅师双手合十："阿弥陀佛！有道是，救人一命，胜造七级浮屠。贫僧今天做了我应该做的事而已。"

马咬耳长舒了一口气，又想到了什么，问道：“我骑的那匹红鬃马呢？”

延庆禅师扬手指了指外面：“你骑的那匹马受伤不重，只是擦伤了一些皮。我的徒弟把它牵到寺后面的马厩里，正给它喂草料哩。”

马咬耳记得，自己只是在香榴坪那个路段撒下黄豆，明明自己骑马已经过那危险的路段，怎么自己会马失前蹄而在那一边堕马受伤呢？

延庆禅师见马咬耳那副痴怔怔的神态，推测出他有心事，问道：“你有问题想不通吗？”

马咬耳点了点头：“唔。”

延庆禅师探询地：“是不是想不通你在古驿道上为什么会堕下马来？”

见对方洞悉自己的心事，马咬耳只好承认：“是的。”

延庆禅师回忆道：“今天早上有一支马队的好几匹马在香榴坪那边相继跌倒，恰逢我那时刚好路过那里，与其他路过的山民将受伤者救起后，我在现场细心地观察过，分析出造成那宗事故的主要原因。”

马咬耳追问道：“您分析出什么原因来呢？”

延庆禅师：“那些骑马者与马匹之所以在香榴坪那段古驿道上受伤，是马队上山奔走的时候，钉在马蹄上的铁掌踩到路面的黄豆上，才致马匹四蹄打滑无法控制而跌倒的。”

马咬耳试探性地问：“大师，那事故不是因雨后路滑造成的吗？”

“不，我认为原因并不简单。”延庆禅师那如深潭般的眼睛闪射出一道冷光，口气十分肯定，“这是有人故意陷害的。”

马咬耳的心里蓦然一震，一股冷气漫上心头，脑袋里掠过一道闪电，找出了一个解释的理由来：“我个人猜测，说不定那些黄豆是从破口袋里漏出来的呀！”

“不，绝不是。”延庆禅师摆了摆手，讲出了他分析的理由，“如果黄豆是从口袋里漏出来的，按常理在路面上就只应留下一道随着马匹走过的长长豆痕，路面就不会撒得一大片，并且撒得是那么的宽阔与均匀。显然，那里面有更多的人为因素，是有人故意将黄豆撒到那香榴坪那路段然后均匀地拨开的。”

“啊！”马咬耳浑身轰然一震，天露寺这大师锐目确实犀利，能从表象洞悉深层的一切，却故作若无其事地问，“大师，您认为那人为何会在路上撒下黄豆呢？”

延庆禅师伸出了两只手指，晃了晃：“我看原因或许有二。”

马咬耳：“第一点呢？”

延庆禅师：“第一点，是作案者跟马队的人有仇隙，故意设局来陷害马队的人。”

马咬耳：“第二点呢？”

延庆禅师：“第二点，也有可能是生意场上的竞争，为了打击对手而导致悲剧的发生。”

延庆禅师的分析得丝丝入扣，无懈可击，马咬耳一时间找不到反驳的理由：“这……这……”

延庆禅师：“施主，刚才你之所以会堕马，是因为你骑的马也在山路上踩中黄豆而滑倒的。”

马咬耳提出了自己否定的理由：“不会吧。我路过香榴坪的那段路时，低头察看过，那路段已被人打扫得干干净净的了。”

延庆禅师点了点头：“香榴坪的那路段是贫僧带着徒弟早些时候打扫过的。”

马咬耳：“既然大师您已经将那路段打扫干净了，怎么我骑的红鬃马又会再度踩中黄豆而中招呢？”

延庆禅师用手轻轻地捶打着自己的胸口，自怨自责起来：“唉，这只能怪我粗心大意，遇事考虑不周到。”

马咬耳感到莫名其妙："大师，您怎么怨责自己粗心大意呢？"

"这叫百密也有一疏，"延庆禅师叹了口气，"贫僧的确是将香榴坪那路段上的黄豆打扫干净，但没有想到在我打扫之前曾经下过大雨，大雨会将那些黄豆冲向路上低洼处而积聚起来，而你的马匹正是踩中低洼处的黄豆而滑倒的。"

马咬耳倒抽了一口冷气，这大师观察实在细微，分析颇有道理，他真想不到马蹄竟然会再次踩着黄豆而让自己堕马而受伤。

延庆禅师脸上露出鄙夷的神色："'慈悲为怀，众生平等'这是我们佛门的基本教义。'诸恶莫作，众善奉行'，此乃佛门的准则，也是为人的基本之道。故意在路上撒黄豆，这伤天害理的行径，乃是丧尽天良的卑劣小人所为。我不明白，那人究竟意欲何求？"

延庆禅师这话使马咬耳的脑海掀起了万顷洪涛：自己为了生意上的蝇头小利，竟然失去理智半夜到古驿道撒下黄豆，以此打击对手，最后竟然落得一个害人且害己的结局。如果今天不是遇到这慈悲心肠的和尚，自己说不定已命丧黄泉，暴尸于荒山野岭之上。将自己从危难中救出来的延庆禅师尚且因未能完全将山路上的黄豆清扫干净而自责，而自己正是这连串事故的肇事者。

延庆禅师继续说："《周易》有云，积善之家，必有余庆；积不善之家，必有余殃。"

多行不义必自毙！今天所发生的事情正好印证了这些古训。难道这报应就是天意？想到这里，马咬耳惭愧至极，耳根一阵阵地发热，并且热得发烫，脸庞红得像煮熟了的虾一样。

延庆禅师见马咬耳的脸色变成这样，感到奇怪，用手摸了摸他的脸颊："你怎么啦？"

马咬耳咬着牙关，想了一会，向延庆禅师道："大师，说起这其中的真相实令我羞惭得无地自容。"讲完垂低了脑袋。

延庆禅师不解地："平白无故你怎么讲出这样的话来呢？"

马咬耳懊悔地用手拍了拍自己的脑袋："唉，我这一回真是利令智昏，自作自受！"

延庆禅师："施主，我还是不明白你之所言。"

马咬耳终于下了决心，说："大师，事到如今，我不怕向您坦白，香榴坪路段的那些黄豆其实是我昨天半夜撒下来的。"

延庆禅师惊诧地："你干的？不会吧？"

"真的是我干的。生意场上的角逐，往往是无情无义的。我初时以为是用这个方法整蛊他们，想不到竟会造成如此严重的后果。"于是，马咬耳打开了话匣子，把前前后后的事情都向延庆禅师讲述了一遍。言罢，他长长地吁了一口大气，仿佛将心中积郁的闷气全都吐了出来，整个人都轻松了许多。

延庆禅师听后，有所感悟："事情的发展不一定会按照你预定设想的路径而去的。你自以为聪明，但却有意想不到的结局。人们常说的'人在做，天在看'，举头三尺有神明。世间的事，往往是轮回报应的。为人立世，一定要像六祖惠能那样以慈悲为本，助人为乐，更不能损人利己，否则最终会变成损人又害己了。"

马咬耳："大师，您说得对。我知错了。"

"阿弥陀佛！施主，你能够主动当面向贫僧坦言真相，这是需要极大勇气的，"延庆禅师语重心长地说，"知错能改，善莫大焉。年轻人，你的前途还是远大的。"

延庆禅师这番话，如同利针一样句句都戳在马咬耳的心坎上，令他在觉得疼痛时又变得清醒，他的牙齿紧咬着嘴唇，好一会儿，脸色酡红地说："大师，您说得对。"

"在路上撒黄豆可以使路过的马匹滑倒，以此来打败生意上的竞争对手，看来你的头脑是挺聪明的，"延庆禅师的话语含有警醒的成分，"种如是因，收如是果，一切唯心做。须知，一个人的聪明才智，如果用在正道上，就可以立业成家，越走越宽。但是如果用在歪道上，就害人害己，越陷越深。今天你的遭遇便是明证了。”

“大师之言，字字珠玑，如醍醐灌顶，醒我智慧，启我愚蒙。”马咬耳此时此刻讲出这话是发自内心的，皆因今天，在山上得遇这位天露寺的大师，使他获益匪浅，“大师您真是功德无量。”

“不敢当！不敢当！贫僧何德何能？”延庆禅师迭迭摆手，虔诚地说，“当年六祖惠能在天露山避难修禅，慈悲为怀，上山采药，为百姓们治病疗伤，弘传顿悟禅法，造福乡梓，这才是功德无量。”

马咬耳从小就听大人们讲述六祖惠能的平生事迹，敬佩地：“是呀，六祖惠能接过五祖的佛灯芯印，行善积德，苦心修行，弘扬泱泱禅风，誉满四海，光耀千秋。”

延庆禅师脸上露出了兴奋的神色：“贫僧作为禅门弟子，能够在祖师留过足迹的圣地天露山学佛修禅，真是三生有幸，感到无比的骄傲与自豪。”

马咬耳双手拱拳行了一个大礼：“今日有幸遇到大师，此乃是我人生之大幸，实在是胜读十年书。”

延庆禅师：“施主你过誉了，贫僧实在不敢当。”

“我说的是心里话，”马咬耳脸上笼罩的乌云尽扫，感慨万分地，“今天，当我身体受伤时，大师您在肉体上给我止血疗伤；还在我愚蒙之时给我的心灵洗涤疗伤，使我真正明白处世为人的根本之道。”

延庆禅师：“这是贫僧与施主在世上的缘分。希望施主水月禅心，日后得证菩提。当然，人生之路漫长，今后还是要靠你自己的修行。”

马咬耳点着头：“今天我彻悟了。”

十一 遇学友改变人生

这一天，阳光灿烂，蓝天如洗。

马咬耳骑着红鬃马从里洞出发，过了风门坳，旋风般扬蹄奔驰，卷起了路上的团团尘烟，快马直指县城。

沿途新兴江流水潺潺，岸边桃红柳绿，远处开着五彩斑斓的格桑花，处处莺歌燕舞。

马咬耳无心停下来欣赏美景，因为今天他的任务特殊：恩平那边的县衙用快马将用黑胶漆封了口的公函快件送了过来，要他们尽快转送到新兴县衙的县官手上。

官府文件，以接力的方式来传送，内中意义，非同小可。从恩平县城来到新兴县城，要经过一个特大的山坡，来到两县交界处的里洞乡时，已是人疲马乏了。如果再前往新兴县城则还要过二十多里长的陡坡风门坳，那些马匹实在吃不消。所以恩平来的一些文书就交给里洞乡代转，而里洞乡的乡长则指定办事认真、为人诚实的苏怀诚家以快马代为传送。

马咬耳将封了漆的快件放进怀里，用腰带扎好，以防途中会失落。马咬耳策马奔驰了一个时辰后，进了县城，穿过花岗岩条石板铺就的街路，转了好几个大弯，才来到位于县城中央的县府衙门前。

马咬耳飞身下了马，把红鬃马拴在衙门外的拴马桩上，连大气也来不及喘，快步朝大门口走去。他向守门的衙差说明来意，要将恩平县衙的公函面呈知县大老爷。

衙差告诉他："知县大老爷正在公堂审理案件，你可前去，但在堂审期间千万不要从中打扰。"

马咬耳应声后快步上了台阶，迈过高高的石门槛，径直朝公堂走去。

公堂里围着黑压压的人群，马咬耳从围观的人群里慢慢挤了上去。

公堂的两边，站着那些"红头黑脚"的皂班衙役。他们手持水火杖肃立着，个个横眉怒目，一副威风凛凛的模样。

开堂审案正进入关键阶段。

有位中年妇人披枷戴锁，头发散乱，一脸凄然，跪在地上。

不少围观的老百姓交头接耳在小声地议论着。

马咬耳竖耳听去，知道老百姓们大多认为这妇人是蒙冤受屈的。

知县大老爷年过半百，在公堂正中的太师椅上正襟危坐着，侧耳听他面前的那位状师在讲述着什么。

这个状师身穿灰色长袍，站起来身板挺立，舌灿莲花，谈锋甚健，讲到激动处，双手比来画去。听得出，他是在为这个跪地妇人作无罪辩护的。

此时，这位状师站立的方向是面对着县官，背向马咬耳的。所以，马咬耳看不清其庐山真面目，但听着，听着，从心底里佩服：这个状师的口才实在了得，不知他是何方神圣？

知县大老爷一边听着状师滔滔不绝的辩词，一边手拈着胡子，不停地点着头。

待那状师发言完毕，知县大老爷开口赞同道："本官早就认为此案疑点重重，今天你摆出了这妇人不会杀夫的多种证据，分析得合情合理，好的！本官就照你所言去办。"于是，将惊堂木猛地往案桌上一拍，下了判词："林氏谋杀亲夫之罪不成立，本官下令当堂释放，让她返回自己家中。"

衙役立即上前替跪地的妇人解开了枷锁，当堂释放。

"退堂！"知县大老爷宣布后，把袍袖往旁边一拂，离座退堂。

马咬耳追上前去，递上快件："大老爷，这是恩平县衙转过来的封漆快件。"

知县大老爷接过快件后就退隐到内堂去了。

在公堂上听审的老百姓见这中年妇女被无罪释放便议论纷纷：

"咳，我早就说这是冤假错案的了。"

"这妇人几乎当了冤死鬼。"

"知县大老爷这一次判案就判得对了。"

"我看全凭这位状师深入调查研究，替妇人找到了证据。"

自以为劫运难逃的妇人突然可以逃出生天，不由得悲喜交集，被解开枷锁后，抹掉脸颊上的两行眼泪，站立起来以后，转而又"扑通"一声向那状师跪了下来，先连叩三个响头，然后由衷地说："救命之恩，实比天高。让民妇终生铭感！"

状师感慨地对民妇说："你丈夫不幸罹难，实属人生之大劫。你又无端端陷于冤案之中，声名俱毁，更将你余生推落苦海。我只不过是到发案现场做深入调查，察知真情实况后，今天在公堂上实事求是陈词而已。无须致谢。”

官司打赢，老百姓逐渐散去，那状师才转过身来。

马咬耳一眼看去，这人年近三十，正是而立之年，身材高瘦，皮肤白皙，面孔略带方形，鼻梁挺括，显得坚毅之气。剑眉下双眼并不大，却闪射出炯炯神光，充满智慧，颇有玉树临风的气度。

“啊，这个人面孔有些熟，他究竟是谁呢？”马咬耳正捏着下巴沉思，那状师却先朝他走来，叫了起来：“哟，你是马咬耳吧？”

“是呀，我是马咬耳，”对方竟然先认出自己来，马咬耳应声以后，与那状师对视，打量着，一时间却认不出来，“您是——”

状师见马咬耳这副神情，先自报上名来：“我是李华章呀！”

“啊，李华章？！”经对方这么一点，马咬耳马上认出来了，“啊，的的确确，你就是塱村那个李华章！”

“多年不见，想不到今天会在公堂上见到你。”李华章热情地伸过双手，与马咬耳紧紧地握手。

“华章兄，你越发有出息了，”马咬耳笑着说，“刚才你背对着我，我真的一时间认不出你来。人道是‘女大十八变’，其实男大也是十八变哩！”

李华章用手拍打着马咬耳的肩膀，道：“马咬耳，你也变得壮实多了。”

马咬耳竖起大拇指，夸奖道：“华章兄，我见你在公堂上打这场官司成竹在胸，不慌不忙，论述时慷慨激昂，雄辩滔滔，论点论证，无懈可击。实令小弟佩服。”

“你如此夸奖我，实令我汗颜，我只不过是准备功课做得足而已。”李华章想了一下，扬手指了指外面，“我们多年没见，那边街口有一间�州茶楼，我们到那里一叙，老弟你认为如何？”

马咬耳点了点头："好的。多年不见，正好一叙旧情。"

位于县城东边的筠州茶楼雕梁画栋，飞檐翘角。此时一楼已坐满了茶客，人声鼎沸。李华章与马咬耳沿着木楼梯来到二楼雅座。

雅座里，茶台与椅子都是用红酸枝木做的，墙壁上挂着的大字是临摹王羲之所写的"鹅"字，两边挂着的红木对联是"近水楼台先得月，芳香茶叶最清心"。雕花窗户下的酸枝案几，放着个一尺多高的青花花瓶，显得古朴幽雅。

店小二给他们泡了龙井茶，壶盖处升腾起袅袅的水汽，整个房间弥漫着茶的清香。

李华章拿起宜兴紫砂茶壶，用滚烫的茶水洗过两个茶杯，斟了两杯，然后将一杯香茶递到马咬耳面前："请。"

马咬耳接过茶杯，浅浅地呷了一口，顿觉齿颊留香，回味无穷，连声叫道："好茶。好茶！"

两人便举杯对饮起来。

多年不见，昔日两位邻村的孩子王乍地会面，千言万语，滔滔不绝，当然是先回忆儿时充满童趣的前尘往事，孩子们一起捉鱼捞虾、爬树比赛、滚铁环、拗蔗须、对联互答……

话题逐渐扯到现在，李华章向马咬耳问道："我看你衣服有不少汗渍，脸颊黏着尘埃，今天肯定赶了不少的路，不知你如今在哪里高就呢？"

"我这个人会有什么高就呢？我现在是在里洞那边干活，我姨妈在天露山脚有一个马队。我去帮她的忙，平时喂喂马，骑马替山民们将各种山货运上天露山顶的天堂墟坪做买卖，有时也带马队到珠江三角洲那边去运货。"

李华章："今天我见你在庭审退堂后，赶上去将一封书信给了知县大老爷，那是怎么一回事呢？"

“我姨妈还有一项生意就是替人送快件。今天到县城来是替姨妈将恩平县衙的一封加密快件转送来新兴县衙。” 马咬耳详细地讲述了他读书出来工作的前因后果。

“唉，”李华章幽叹一声，“原来你干的是这些粗重活，难怪见你是这般蓬头垢面的样子。”

马咬耳淡然地：“揾两餐饭吃，我们年轻人什么都要干嘛。”

“人活在世界上，揾两餐的活是多种多样的。”李华章的声音转而变得严肃，“依我个人之见，如果你长此卖酒、用马替人运货物，做物流，送快件，这只会枉费了你的一生。”

马咬耳不明白地：“干活挣钱，养活自己，我这样做怎能说是枉费我的一生呢？”

李华章：“我并不是看不起干劳力活的，但每个人在世上总有最适合他的位置。”

马咬耳不解地：“在天露山替我姨妈卖酒、喂马、骑马送货、送快件，做物流，这难道不是我在这世界上应有的位置吗？”

李华章惋惜地说：“对其他人我不敢妄评。但我觉得你干这活是明珠暗投，大材小用。有点‘龙逢浅水遭虾戏，虎下平阳被犬欺’之感。”

“明珠暗投，大材小用？”马咬耳琢磨片刻，并不领悟，向李华章道，“你这话弦外有音，希望你把这话挑明。”

“好的，既然我家与你家只是一河之隔，我俩从小一起玩耍，一起求学，双方知根知底，那么我也不妨直言了，”李华章呷了一口茶，话语变得激昂，“你乃鸿鹄之才，岂可只有燕雀之志呢？！”

马咬耳淡然地：“我有自知之明，以前是村夫，如今是马夫。”

李华章：“你父亲虽然是耕田的，但你母亲出身书香门第。你从小受到中华传统文化的熏陶，文化根基甚为深厚，才华学识俱在我之上。”

马咬耳手指着李华章：“华章兄，你在哄我欢喜了。”

“我说的是大实话。”李华章回忆道，“当年我们在李掌教的书塾读书，我们两村的孩子搞对答对联，我还是你的手下败将哩！弄得我们塱村孩子的零用钱全部输给了你们，眼睁睁地看着你们吃‘真食的’酸味白流口水。”

马咬耳：“其实我跟你们塱村的孩子们玩耍时从中学到了很多知识。李掌教也经常给我们讲述禅宗六祖惠能的故事，还带我到你们村去参观别母石。我从中得到了很多的教益。”

李华章认真地：“窥豹而见一斑。为人立世，你现在更应将你的学识和聪明才智发挥到极致，一来是能够更好地揾两餐，更重要的是以自己的才华来回报社会。”

马咬耳双手往外一摊，有点不明白：“我一介布衣草民，能有什么的才华来回报社会呢？”

李华章开门见山：“你可以干状师这一行。”

马咬耳不太相信自己的耳朵，因为人所皆知：状师这一行，一般人是很难胜任的，引颈而问：“华章老兄，你是说我可以干你这一行？”

“唔，”李华章口气肯定，“做状师，替人打官司。”

李华章从小就听他爷爷讲述官场案件与打官司的趣闻轶事，久而久之，便对这方面兴趣极浓，长大后接棒当了讼师，替人出面打官司，几年以后，在西江流域一带已颇有名气。

马咬耳早就闻知：李华章的爷爷以前是个六品官员，曾经在省巡抚衙门布政司署内的理问所当过理问，掌管全省勘查核实刑事案件等，对各种官司诉讼熟之稔矣。

马咬耳眉毛蹙了蹙，显得信心不足：“华章兄，我不像你有那么好的家庭背景。我知道状师这一行要求甚高，难度很大。一要靠知识，才华过人；二要靠胆识，临危不惧，随机应变；三要靠口才，引经据典，口若悬河。这三样叠加起来，才有资格吃这一行饭。我这个大老粗，真的能胜任吗？”

李华章肯定地："古人有云，'王侯将相宁有种乎？'我知你自幼饱读诗书，满腹经纶，又是聪明过人，雄辩滔滔；只要下定决心，做足功课，很快就会熟悉各种刑事法律与诉讼程序，能够在状师这一行上位的了。"

马咬耳："人贵有自知之明，我不是做状师这个料子。"

"不，"李华章摆了摆手，"儿时你出的点子经常是常人想不到的，换句难听的话说是鬼点子。"

马咬耳的脸红了起来："我那时想的多是歪点子，干的多数是恶作剧。"

"哪个人小时候不调皮呢？童提年代，如果整天只是木头一般呆坐着，长大成人后要谋生也是一件难事啊！"李华章口气一转，"换个角度来说，这证明你头脑灵活，思维敏捷。所以我说，你做状师的质素与基础都很好，只要有志向，以后定会大展宏图。"

马咬耳："当状师责任大如天。我是怕自己能力有限，不能胜任，误了人家。"

李华章："当状师要有良好的职业操守，立德明理，以事实为依据，以法律为准绳，实事求是地体现正义的价值，这是我们这一行的灵魂。不能够有受人钱财，替人消灾的想法。马无夜草不肥，人无横财不富，这只是腌臜小人的处世之道。"

马咬耳："你说得在理。"

李华章提高了声调："做精通法律的专家、深谙权谋的政治家、精打细算的企业家，这就是当状师的要求。法律面前人人平等，当状师就要独立思考，不偏不倚，司法上要公平、公正，绝对不能冤枉一个好人，也绝对不能放纵一个坏人。"

马咬耳点头赞同："这应该是为人立世的底线吧。"

"你心中确认这一点，就行了。"李华章向马咬耳讲出自己当状师的深切体会，“要做一个好的状师，一定要对自己所接手的案件进行方方面面的分析，从各条线条进行深入细致的调查研究，从表及里，去伪存真，进而抽丝剥茧，找到可信而有力的真凭实据，这样在公堂之上，才可以理直气壮地阐述自己的观点，驳斥对方的谬误，立于不败之地。”

马咬耳脸有难色：“听你说来，做状师这一行确实好。但我对此是狗咬乌龟——无从入手。我到哪里去学做状师呢？”

李华章定睛想了想：“如果你不介意，我可以作为你入行的介绍人。”

马咬耳脸露喜色，指着自己的心胸：“如果你不嫌弃，这一次我来当你的徒弟，你做我的导师吧。”

李华章谦逊地：“导师我可不敢当，我们以后是同行吧。”

马咬耳：“同行？”

李华章抬起头来，眼望远方：“是的。你与我相比，早年所受这方面的教育与启迪不及我，但你的脑筋比我灵活。可以预见，不久的将来，你在状师方面的成就会在我之上。”

马咬耳：“华章兄，你这样谬奖我，我惭愧得无地自容了。”

李华章指着马咬耳的鼻尖，揶揄道：“嘿，马咬耳，你现在可变得从未有过的谦虚了。”

难得遇到一个这么好的机会，更难得的是遇到了一个这么有气度的同乡，马咬耳思前想后，觉得李华章的话没有错，便说：“华章兄，谢谢你的开导。有道是，女怕嫁错郎，男怕入错行。择业如择妻，这是大事，我要回去跟父母和姨妈商量一下才行。”

李华章：“好的，你回去跟家人商量后，最终有什么打算，就到县城东面的‘筠城律师行’来找我吧。如果不嫌弃，你就从当我的助理开始吧。”

马咬耳：“好的。”

李华章举起了茶杯："马咬耳，我们今天在衙门相遇，乃是天意，现在以茶代酒，共干一杯。"

马咬耳也举起了茶杯，感触良深地说："华章兄，今日遇到你，可算是得遇贵人，听君一席话，胜读十年书，你的人生经验对我来说，是十分宝贵的。"

"好的，干一杯！"

两个茶杯"哐"地碰在一起，两人仰头，一饮而尽。

马咬耳回到沙村跟父母谈到了在衙门公堂上巧遇李华章的事，征求他们的意见。

哪个当父母的不希望自己儿子能够有更远大的前程呢？！他母亲潘银凤更是鼎力支持："说实话，我从小就对你抱有这个期望，现在天赐良机，让你大展身手，你一定抓住这个机会呀！"

父亲梁世福是个老实的耕田汉子，历来都相信老婆的智慧与眼光，何况他心里也希望自己的儿子长大成人后能够放下锄头，拿起笔杆，到更为广阔的天地去闯一趟。

做事情一定要有头有尾，有始有终，当天马咬耳便返回里洞，跟姨丈、姨妈商量这件事。

此时的"醉千觞"酒坊经过马咬耳的大力推广，已步了发展的正轨，在各地拥有了一大批忠实客户，出品的"天露"牌美酒经常是供不应求。

姨丈苏怀诚说："作为老板，我当然希望你这个能干的小伙子留在我的身边干活。但作为你的长辈，我更希望你今后能更有出息，做一个对社会有更大贡献的人才。人生的机遇往往是一旦错过就会永远消失的。既然塱村那个李状师愿意收你为徒，你就抓紧机会去吧。"

姨妈潘金凤说："记住，一要为人正直，二要学习虚心，三要办事勤奋，这样才能有成果的。"

于是，马咬耳辞别了姨丈、姨妈，离开"醉千觞酒坊"和天露山马

队，到县城“�城律师行”去找状师李华章了。

万事开头难。马咬耳初到“�城律师行”是当李华章的徒弟与助理，在业务上遇到不少困难。幸而，李华章细心地教他，而马咬耳又虚心地学，从不偷懒，帮助他整理状词，管理文书档案，准备好打官司的材料，出入时给李华章拎提包，上堂时及时给李华章送上卷宗。

李华章的爷爷解甲归田前是朝廷在省巡抚衙门布政司的六品官员，平日对下属既严厉又爱护，所以深孚众望，人际关系极广。他的一位姓孙的部下经过多年的历练，已成了巡抚衙门布政司署理问所的要员，跟李华章也成了好朋友，并经常介绍省里各地一些官司给李华章代理。

马咬耳本身天赋极高，如今有机会跟随李华章这样见多识广的同乡兼师父在省城和南海、番禺、顺德等地打了不少官司。

久而久之的耳闻目睹，马咬耳对打官司的程序和应对技巧逐渐熟悉起来了，到后来，他自己也可以独当一面上庭当状师了。

十二 巧施妙计惩恶汉

光阴荏苒，几年下来，马咬耳打赢了好几场难缠的官司，变得名声在外了。

这一天，马咬耳替人打了一场官司，回到上沙村奕祥坊家中，觉得口渴，便坐在大厅的竹椅上，泡了一壶青茶，自斟自饮。

忽然，一个身影旋风般卷了进来。马咬耳定睛望去，来者是下沙余村的简小娟，道：“小娟，原来是你，如此风风火火，有急事吗？”

简小娟今年十六岁，正值碧玉年华，由于行走得过急，因此进门后一直喘着大气，好一会，才点了点头应答：“是的。”

马咬耳奇怪地：“今天是墟日，正是你家在县城的‘文记饼店’做生意的好机会，小娟，你不去帮你爹的手，怎么还有空闲来这里找我呢？”

简小娟长叹了一口大气，白皙的脸蛋上堆起了乌云：“唉，过几天我全家都要挨饿了。你现在当了状师，这一回要想办法帮帮我们啦。”

“无端端你怎会这样讲呢？”马咬耳不解地，“你家祖传的做饼技艺远近闻名，一直是生意兴隆，怎会变得难以维持生计呢？”

简小娟几乎想哭：“我家的店铺现在顾客都不敢踏足了，是那个大只炳害了我们。”

马咬耳指住东门河那个方向：“大只炳？是不是下沙村那个种瓜菜卖的大只炳？”

简小娟银牙咬着嘴唇后又松开了，悻悻地：“正是他！令我家店铺的生意门可罗雀。”

马咬耳仍然是大惑不解：“你父亲为人正直善良，做生意童叟无欺。大只炳种他的瓜菜去卖，你们做你们的饼去卖。两者并无竞争，怎会殃及你的生计呢？”

“你听我详细说来。”于是，简小娟打开了话匣子，将前因后果向马咬耳直述了一番。

大只炳名叫杨亚炳，长得高大彪悍，浓眉大眼，嘴唇肥厚。开口时声音有如打雷一样。他性格固执粗暴。他种了十多亩的瓜菜。为了给所种的瓜菜做肥料，他隔天便挑着两只大木桶到县城收集人家的屎和尿，屎尿满满的两个木桶没有盖子，挑起担子，晃晃悠悠，漏到街上也全然不顾，弄得他人商铺门前经常臭气熏天。

县城那些受害的商户为此曾经向大只炳提过意见，他却认为别人故意对他进行挑剔，反而睁眉凸眼，大声骂人，斗嘴激烈之时，甚至还要挥拳相向。对他这种目中无人的野蛮莽汉，人们只能摇头摆脑，大叹无可奈何。

简小娟家世代都是以做饼与蛋糕等享有盛名，父亲在县城桥头开“文记饼店”。他所做出来的饼香酥脆而吃了又不燥热，经常顾客盈门，做出的饼供不应求。

近来，大只炳经常挑着那两个大粪桶停在简小娟的“文记饼店”门前。那些屎尿经常漏得店铺门前满地都是。弄得门面臭烘烘的，令人望而却步，哪里还有顾客前来买饼购物呢？

简小娟的父亲曾恳求大只炳别将屎尿担子放在他的店铺门前。但大只炳却说：“这条街又不是你买来的私人财产。我这担子有二百多斤重，压得我的腰也几乎弯了，放下担子在街上歇息轮到你来管？”

从此以后，大只炳进县城收集屎尿，总是故意把那两个屎尿桶放在“文记饼店”的门口休息。简小娟父亲明知大只炳在故意整蛊自己，但跟对方讲理他不听，论争拗，争不过大只炳；要打架，自己绝不是他的对手。饼店的生意一落千丈，简小娟的父亲只得自怨自叹：“遇到这个大只炳，真是当头黑了。”

马咬耳当了状师后，出头帮人惩恶扬善在四邻八乡是出了名的。在百般无奈之际，简小娟父亲便派女儿前来恳求马咬耳想想办法，把那大只炳告上公堂，整治一下他。

马咬耳了解到实情后，安慰简小娟道：“小娟，你大可放心，大只炳这样横蛮不讲理，害得你们一家人生活有困难，确实是乞人憎，但是用不着去公堂告他。”

简小娟：“如此恶人，为什么不能去公堂告他呢？”

马咬耳：“这事宜大事化小，小事化无。你们跟大只炳也算乡亲乡俚，朝不见面也要晚见面，正是冤家宜解不宜结，这件事你就交给我，我会想办法替你们妥善解决的。”

简小娟见马咬耳这样说：“好，我们等着你的好消息。”

那个年代，连通沙村与县城有一座木桥叫东山庙桥。太平、共成等地的村民进出县城都要经过这座东山庙桥的。这座桥的桥面是由木板铺成，宽只有一尺多，长有十多丈，每次只能让一个人走得过。如果两个人面对面而行，就要有一个人侧着身子，让另一个人小心翼翼地闪过去。

马咬耳知道大只炳在县城收集屎尿回家必定要经过这座东山庙桥，这一天先在沙村这边桥头的大树下的大石上坐着等候。太阳从东方逐渐移向中天，将热箭无情地射到大地上，路边的野花被晒得耷拉下了脑袋。

远远地望见大只炳挑着两只大木桶晃晃荡荡地在县城那边上了木桥。马咬耳见时机已到，便起身快步迎了上去。

在木桥中央的地方，两人面对面站定了。

大只炳挑着两个大木桶，站定着，大声吆喝："马咬耳，你要干什么呢？明知我在县城这边上桥，你也要迎面上桥来。"

马咬耳反驳道："喂，大只炳，这木桥又不是你家的私有财产，我上桥来你能管得着？"

恃着蛮恶，霸道欺凌，大只炳是远近闻名的。发生矛盾时，大多数人是不愿跟大只炳硬扛而避之则吉的，所以大只炳从来都觉得别人退让给他是天经地义的事，但马咬耳现在竟然提出要他转身退回去让路，禁不住无名火起三千丈，骂道："马咬耳，你这是在无理取闹！你是空身一人，我是挑着两百多斤重的屎尿。你这样上来简直就是撩事斗非，是不是想挨揍呢？"

马咬耳戏谑地："挨揍？在这独木桥上，你挑着这么重的屎尿担子怎来揍我呢？！别以为你势凶夹恶就会赢了。的确，论拳头相斗，我打不过你，但你现在挑着这么重的担子，出拳极不方便。而我是赤手空拳，全身无一负担。你出拳打来，够不到我的身体。但我只要用力一推你的屎尿桶，你就会连同屎尿担子一起跌落河里。"言毕把手交叉一比画，做了一个要推木桶的手势。

"别……别……别跟我来真的。"大只炳知道现在自己是有火发得出，但是有力却使不上。恶汉为了自己的眼前利益也有服软的时候，他便以求恳的口吻说："马咬耳，你千万别跟我开这个玩笑。"

马咬耳收住了手势，仰头笑了起来："哈哈，你这恶汉，也会有服软的时候。"

大只炳问道："那么，你现在想怎么样？"

马咬耳这才转换了口气，说："大只炳，我这次上桥来是特意帮你的。"

大只炳没好气地说，"你明明看见我挑着担子上了桥，你硬是从那另一边上桥来，还在桥中央霸占了道路。现在花言巧语说要帮我，你是哄我的脚趾公吗？"

马咬耳转过身子，指着不远处的桥下木墩，说："这几天大雨下个不停，原来用来支撑桥墩的木桩被大水冲走了两根。村长今早跟我讲，这座桥现在已经变成危桥了。"

大只炳摆手不相信："大清早我进县城的时候怎不说是危桥？"

马咬耳："大清早你是挑着两个空桶进县城的，现在你的两个大木桶盛的屎尿是满满的了。我问你，你自己有多重？"

大只炳回答说："应该有一百九十多斤吧。"

马咬耳一本正经地："村长说，这桥最多是可以承重三百斤左右。你这担屎尿桶已经重二百多斤，加上你这大只佬，连人带桶就有四百多斤重了。如果你贸贸然挑着这四百多斤的重担走过去，这木桥一旦坍塌下去，你就会连同这两个屎尿桶跌落河里。"

大只炳听到马咬耳这样说，全身猛地打了一个冷战，沉吟着："这……这……"

马咬耳见他这个模样，来个趁热打铁，分析道："我知道你的水性不算好，现在河水又这么湍急，如果跌落河里，你死了关系不大，你老婆年纪轻轻要么当寡妇，要么带着你的小儿子去改嫁他人。"

"这……"大只炳的脸色由红变青，由青变白，"马咬耳，你说得有道理，但现在你我都在桥中间，我这一担屎尿桶该怎样才能过得河那边呢？"

“大只炳，平日你势凶夹恶，怎么今天面对这情况，竟然连如此简单的办法也没有呢？”马咬耳替他出了个主意，“两桶屎尿太重，将它一分为二，找人帮你一桶一桶地抬过去呗。”

“马咬耳，你说得有道理。既然这办法是你提出来，那么你就帮我抬一回吧。”大只炳将两个大木桶从肩膀放了下来，搁在木桥面上。

马咬耳故意为难他，摆了摆手：“哟，你这两桶屎尿如此臭，你还是另找他人吧。”

“现在你叫我到哪里去找人呢？马咬耳，你帮我将这两桶屎尿抬过桥去，明天我送几斤大萝卜给你，作为回报。”这个鲁莽大汉，竟然粗中也有细，知道要用东西去拉拢别人了。

马咬耳听后：“好，那么我就帮你一回。”

大只炳大喜过望，将扁担的一头从一个大木桶的绳上穿了过去。

马咬耳接过了扁担的一头，搁在肩上。

两人抬起了其中的一个大木桶，小心翼翼地从桥中央抬到了对岸去。

到了对岸，大只炳正想将大木桶放下，但马咬耳仍不停步，继续朝前走，离开桥头有七八丈远，马咬耳这才将那个大木桶放了下来。

大只炳扬手指着仍搁在桥中央的那个大木桶：“你再帮我将那大木桶也抬过来吧。”

“我不抬了。”马咬耳一个屁股坐在草地上，用手揉搓着左脚腕，脸上装出痛苦的表情，“刚才迈步过这石头时我一不小心将左脚的脚腕扭歪了，现在疼痛得厉害。我实在是无能为力了。”

大只炳双手抖着，束手无策：“那我现在该怎么办？怎么办呢？”

“你自己去桥中央将那个大木桶慢慢地挪过桥来吧。”马咬耳说完又揉着脚腕，故意“哎哟、哎哟”地痛叫了几声。

大只炳再三向马咬耳恳求，但任由他口水讲干，马咬耳仍然不为所动。

这时，有两位村民朝这边走来。急得有如热锅上的蚂蚁的大只炳望见他们，踌躇了一下，还是硬着头皮走上前去，向其中那位中年人招了招手：“福伯，麻烦你帮我一下。我还有个屎桶搁在木桥上，麻烦你帮我一起将桥上的那个屎桶抬到这里来。”

福伯把脸一板，冷语回绝：“大只炳，上个月我被你这个恶鬼无端端地臭骂了一顿，现在却来求我？免了吧。”

大只炳见福伯不愿帮忙，就向与福伯同行的强仔说：“强仔，你身强力壮，那么你就过来帮一帮我吧。”

强仔顿时变得黑口黑脸：“前几天我胸口被你打的那一拳现在还隐隐作痛，说心里话我现在还想揍回你一顿哩。现在你还好意思叫我来帮你？”

大只炳见强仔这副态度，只好自认倒霉：“这……”

福伯拉了拉强仔的手，鄙夷地：“走，别理睬这只蛮牛。”

强仔幸灾乐祸地：“好呀！你自己在这里等到天黑吧。”

福伯与强仔抛下大只炳不顾，径自往那边的果园走去了。

马咬耳在场听着，暗自掩嘴而笑。

四下无人，叫天天不应，叫地地不灵。事到如今，大只炳知道这事情唯有自行解决，只好自己返到木桥中央去，双手抽着大木桶的绳，一步一步地朝前挪。桥面狭窄，往前挪移不到三尺，那些屎尿来回晃荡漏出来，他的裤筒沾得满是屎浆尿水，臭气直呛人鼻。大只炳累得汗流满脸，浑身湿透，站在那里气喘吁吁。

马咬耳兴奋地拍起掌来：“好，好呀！”

大只炳把脸一沉，眼睛瞪得好像灯笼一样，责骂道：“马咬耳呀马咬耳，你这个人真坏，见我有难也不肯出手帮忙，还在幸灾乐祸。”

“我坏？你反思一下，刚才为什么福伯和强仔不肯帮你的忙？因为你作孽太多了。你平日那么凶恶，动不动就骂人，甚至动手打人。你如果坏习性不改，就会变成和这个桶里的东西一样臭不可闻。”马咬耳说着指着他面前散发着臭味的屎桶。

大只炳见马咬耳奚落自己，正欲发火：“你！”

马咬耳眼光迎了上去：“大只炳，你别发火。平时你怎样对待人家，人家就会怎样对待你。这叫善有善报，恶有恶报。”

大只炳有所触动，耳根也发红了：“我——”

“须知，恃才不可傲物，恃强不可凌弱，”马咬耳的话锋点点到肉，“就拿你到县城收集屎尿这件事来说吧。弄得满街市都臭烘烘的，神憎鬼厌，明知人家‘文记饼店’卖饼是最要讲究卫生的，但你偏将这些屎桶放在人家店铺的大门口，还要恶语伤人，弄得人家生意惨淡。你这样做，实际上是断人家米路，弄得天怒人怨，当心大白天雷公会当头劈死你呀！”

大只炳知道自己理亏，但提出他的实际问题：“我种了十多亩的瓜菜，总要到县城去收集屎尿等去施肥呀！”

马咬耳：“到县城收集屎尿等去施肥这是无可厚非的。但你可以想办法将这件事做得尽量完善一些呀！”

大只炳伸颈而问：“有什么办法？”

马咬耳伸屈着手指数着：“第一，你那两个大木桶收集屎尿时不要盛得那么满；第二，在大木桶上加上盖，挑担走路的时候尽量注意，不要让那些屎尿外溢出来。第三，你挑担累了休息时要到稍为偏僻的地方去，这样，就不会搞到那么得人憎了。”

大只炳信服地点了点头：“你说得有道理。”

马咬耳：“知错能改，善大莫焉。”

大只炳由衷地用手拍了拍自己的脑袋：“马咬耳，感谢你今天给我开了这个窍。”

马咬耳见对方有所认识，说：“你既然知道认错，那么我就帮你将那桶屎尿再抬到这里来吧。”

从此以后，大只炳到县城收集屎尿，真的按照马咬耳教的方法去做，待人的态度也由恶劣变得和蔼得多。

市集上的人都免受其害了。大家都觉得奇怪：“大只炳突然会变成了这样，难道太阳从西边升起来了？”

谁也不知道，这里面其实有马咬耳的一分功劳。

十三 离奇审案捉真凶

这一年，新兴县新来了一位知县温文轩。

温文轩上任前已经听闻李华章与马咬耳是状师，而他们分析推理、破解案情角度独特，便约他俩前来县衙，设宴盛情款待他俩。

酒过三巡，李华章开口问道："温大人，您今日设下盛宴，不会是平白无故吧？"

马咬耳："常言道，礼下于人，必有所求。温大人，不知此次叫我俩前来有何要事？"

温知县叹了一声，说："我接任以来，翻阅旧案，发现一宗奸杀案的判决可能有错，因此，特请来贤士，问计于你们。"

接着，温知县把此案的经过向马咬耳他俩述说了一遍。

原来，新兴县水榔村有一个叫丁韦浩的猎户，中年丧妻没有再娶，膝下只得一个女儿，名叫月妹。

丁韦浩含辛茹苦抚养女儿，十八岁的丁月妹长得美貌如仙，心灵手巧，对父亲十分孝顺。

媒婆见丁家有女初长成，天天上门说亲，踏破了门槛。

丁韦浩把女儿视作掌上明珠，疼爱有加，认为女儿年纪尚轻，所以没有答应媒人的婚事。

岂料，突然飞来横祸。

一天，丁韦浩上山打猎回家晚了，见家门敞开，大声叫喊：“月妹！”却不见女儿回应。

丁韦浩急忙把灯点亮，只见女儿赤身裸体被绑在松木板凳上，下体全是血迹，人已经停止了呼吸。

丁韦浩悲痛欲绝，立即跑到县衙报案。

前任胡知县是一个办事轻率之人，即命差人到现场验尸，发现床脚下留下了半截带血的舌头，便下令搜捕凶犯。

几天后，差人在一间破庙里把一个断了舌头的男子缉拿归案。

这男子叫巫天，家住水榔村邻近的水尾村，是个好食懒做、四处浪荡之人。

开堂审讯时，因这名男子舌头断了，说话含糊不清，所以胡知县叫他用笔将全过程写下来作为呈堂证供。

巫天写下的供词是：那天傍晚，他路过丁韦浩的屋子，见大门没关，便溜进去，见丁月妹貌美如花，忍不住色心大起，强行抱住丁月妹亲嘴，不料被拼命反抗的丁月妹咬掉了舌头；他疼得要命，急忙逃出屋外但没有杀害丁月妹。

胡知县看过巫天的供词，认为他在狡辩，便以夹棍、鞭笞等重刑侍候。

巫天忍受不住痛楚，只好承认是自己奸杀了丁月妹。

胡知县单凭这供词，判处巫天死刑，待秋后问斩。

李华章与马咬耳听完温知县的陈述，相互交换过意见后，说：“温大人明察秋毫，怀疑这宗是冤假错案颇合情理。”

接着，马咬耳分析了此案的疑点：巫天被丁月妹咬断舌头之后，必然是痛彻心扉，在原地打滚。他哪还有心情再施暴作乐呢？而且从现场来看，凶徒是解下丁月妹的扎脚带绑住她的手，再剥去她的衣裤。照这样推理，作案者肯定不止一个，杀人凶徒也不会是断舌之人。

温知县听着马咬耳的分析，频频点头称是。

待马咬耳分析完后，温知县问李华章和马咬耳：“你们可有破案计策？”

李华章指着马咬耳，道：“堂上辩论，是我的长处；但推理破案，便是他的专长。”

温知县转向马咬耳：“不知你有何高见？”

马咬耳回答道：“要捉到真凶，大人您必须审问丁韦浩家中那张松木板凳和那两条扎脚带。”

“什么？你叫我在公堂上审那松木板凳和扎脚带，这样就能够审出真凶来？”温知县愕异地望着马咬耳，“你是喝醉了讲胡话吧？”

马咬耳朗声回答：“我讲的是大实话。”

温知县：“如果你不是说胡话，就一定是在跟我开玩笑了。”

马咬耳一脸的认真：“人命关天，我哪里有心思跟大人开玩笑呢？”

温知县狐疑地问：“松木板凳和扎脚带是不会讲话的死物。那么，我该如何审呢？”

“大人你别急，且听我慢慢道来。”于是，马咬耳将他的设想向温知县讲了出来。

“妙！确实是妙！”温知县听后，频频以拳击掌，连声叫妙。

翌日，温知县依计行事，升堂审案，把巫天从死牢提出来，责打三十大板后便当堂释放了。

巫天提笔在公堂写下“多谢青天大老爷”几个字，叩了三个响头回家去了。

即日起，县衙贴出告示：温知县每天升堂审案，这次要审的是丁韦浩家中那张松木板凳和两条扎脚带。

这新奇消息传出去后，百姓们涌到衙门看热闹，看后都觉得十分可笑。

经过三天的审案，温知县就判定那松木板凳就是这宗凶杀案的旁证，扎脚带是帮凶，要这两件东西坦白交代，戴罪立功。

来看热闹的百姓窃窃私语：这样审案真是千古奇闻。这新来的知县莫不是有神经病?

几天后，衙门外贴出一张告示：明日对丁月妹被奸杀一案进行复审，辖区内水榔、水尾、水口三村的男人必须到场旁听，缺席者作该案的杀人凶犯论处。

这天一早，阳光灿烂，蓝天澄碧。

那三个辖区的老百姓将衙门塞得水泄不通。

因人数太多，衙门大堂容纳不了这么多人，复审只好改在县衙的大院里进行。

温知县依照马咬耳定下的计策而行：先在香炉上插着三炷香，再点燃了两支大红蜡烛。

燃烧着的蜡烛散发出异样香气，在院子里弥漫。

在袅袅上升的烟缕中，温知县恭恭敬敬地跪着，对天作了三叩首，口中喃喃有词。

众人见此莫名其妙，小声地议论纷纷：“世间哪有这样审案的呢?！”

温知县拜过天地、祈祷一番后，迈步来到大院的台阶上，端坐在案桌后的太师椅上。

马咬耳与李华章按预先的安排分别坐在温知县的左右两旁。

温知县把手一挥，当值衙差当众宣布：“开堂时间到！”

嘈杂的大院立即安静了下来，老百姓们都屏息谛听着。

温知县把惊堂木往案桌上猛地一拍，高声地说：“本官为了查清这宗奸杀命案，刚才本官已拜过神灵，惊动人、神、鬼三界，得到了提示，说今日便可以捉获杀人真凶，破此悬案。差役现在已经把死者两条扎脚带一头绑在松木板凳上，另一头则绑大院的那条石柱上。各位乡亲，这次凡要走出衙门的男人，必须自动排好队，依次用手紧紧扶着扎脚带而行。谁是凶手，那附有冤魂的扎脚带就会把他的手绞实。”

人们做梦也想不到温知县会出此奇招，面面相觑，鸦雀无声。

当地的人平时都笃信神明，与此案无关的人自然是心中无鬼，一个跟一个紧扶着扎脚带而行，泰然自若地离开大院。

随着日影的西移，留在大院里的人渐渐稀疏了，仍未见凶手出现。

走出大院的人都不愿意就此离开，要看知县如何捉拿真凶。

温知县和马咬耳、李华章似乎很有把握，目不转睛盯紧剩下来的那些人。

这时，只见有两个人瑟瑟缩缩尽量往后靠，他们的目光与温知县的目光一接触就急忙避开。

这虽然只是一刹那间的事，但锐目如鹰隼的马咬耳已将此看在眼里，记在心中。

那两个人一前一后往前走，来到绑在松木板凳和石柱上的扎脚带前，眼神掠过了一丝惊恐，马上强作镇定，但两手还未触及扎脚带，已紧张得颤抖很厉害，双手不敢紧扶那扎脚带。

马咬耳见此情况，侧头向温知县小声耳语：“就是那两个家伙。”随即用手指向那两个神色有异的人。

温知县将惊堂木一拍，扬手指向那两个家伙，大喝一声：“给我拿下!”

几个衙役早在旁边候令，立马冲上去把那两人逮住。

那两个家伙早已吓得脸如白纸，双脚如筛糠般抖个不停，随即软瘫在地面上。

现场顿时欢声雷动。

马咬耳的妙计见效了。

温知县前几天故布疑阵，在公堂上审问松木板凳和扎脚带，与马咬耳等人在旁暗中察言观色，进行明察暗访，并初步掌握了两个疑犯的线索。

这两个疑犯一个叫王得米，一个叫冯仁水，是水榔村附近的水口村人，平时聚在一起，好嫖嗜赌，胡作非为，已有案底在册。

奸杀丁月妹那宗案件发生后，王得米与冯仁水突然消失得无踪无影。

几天后，他俩得知巫天招认是杀人凶手，被捕打入死牢后，两人心中暗喜，觉得平安无事了，才复返回村中。

前几天，他俩在公堂混入密密麻麻看热闹的人群中，偷看温知县审松木板凳和扎脚带，暗笑这新来的知县是个大草包，却不知就此中计落网。

经过几轮审讯，真相终于大白于天下：王德米与冯仁水的确是杀人凶犯！

原来，那天先是巫天进门向丁月妹索吻，被丁月妹咬断舌头，忍痛狼狈而逃；王得米和冯仁水早就垂涎丁月妹美色过人，在巫天逃跑后，他俩刚好经过丁家，窜进屋来，合力把丁月妹捆绑在床板凳上，进行轮奸，事后恐怕东窗事发，索性把丁月妹掐死了。

王得米与冯仁水见巫天被抓判了死罪，以为侥幸过关，平安无事了。他俩哪里想到：天网恢恢，疏而不漏。杀人凶手，罪大弥天，终于逃不脱马咬耳布下的妙计。

因献计给温知县堂审松木板凳和扎脚带而破了杀人悬案，将真正的凶犯绳之以法。这说怪而又不怪的破案方法令马咬耳声名鹊起，蜚声四方。

从此以后，马咬耳作为状师经常外出替人打官司，并且是屡屡得胜。

十四 解困救难勒流村

这年夏天，马咬耳在顺德大良替人打赢了一场官司后，见有空闲，便决定到这鱼米之乡四处游玩一下。

马咬耳租了一辆马车，离开大良，沿途的美景不断跃入眼帘：鱼塘桑基，水网纵横，芭蕉成林，荔熟果红。

车轮滚滚向前，扬起阵阵尘烟。不知道经过多少条村庄，在中午时分，转过一个小山丘，马咬耳耳畔隐隐约约传来哭哭啼啼的悲凄之声，那哭声高低错落，重重叠叠。

马咬耳觉得奇怪，叫车夫朝着哭声的方向驱车而去，不久，见一个村落的村口竖着一块高约五尺的花岗岩石碑，上面赫然刻着“勒流村”三个字。

马咬耳下了马车，辞别了车夫，徒步走进村子，见不少人家门口，有人在霍霍地磨刀，有人将锹铲磨亮，有人拿着棍棒在挥舞着……从各人愤懑的神情可以推测出来，一场械斗的暴风雨即将来临。

马咬耳意识到这村子里曾经发生过不寻常的事情。忽然，看见一位年过半百的老人愁眉苦脸地拉着一头牛往村口走来。

马咬耳趋步迎了上去，问："老伯，今年风调雨顺，各种庄稼都是大丰收，到处都是一派娱乐升平景象，为什么这里却是啼哭之声不断，又是一片临战的阵势呢？"

这老人是勒流村的村长陆常平，他叹了口气，回答道："客官，你有所不知，我们村里近日不少人接二连三病倒了。"

马咬耳吃惊不已："啊，是不是有瘟疫流行呢？"

"不是。"陆常平摆了摆手，"瘟疫虽然可怕，但它流行只不过是一个季节，我恐怕这祸患要危害我们村的子子孙孙。"

马咬耳觉得诧异："啊，会危害到你们村的子孙后代，究竟是什么东西？"

陆常平扬手指向那边："就因为那个河头村。"

马咬耳顺着陆常平所指望去，河头村在勒流村的上游，不解地问道："各村有各村的村规民约，正是井水不犯河水，你们这里的人染病，与邻村有何相干呢？"

陆常平的话带有悲愤："俗话确实是井水不犯河水，但现在是河水犯了我们村呀！"

马咬耳："啊，这是怎么一回事？"

陆常平叹了一口长气，诉说道："本来，我们和上游河头村的村民一向关系和睦，但自从去年河头村的雷天虎四兄弟开了一间大型的缫丝厂，将厂里的那些污水全部直接排入河里，原本清澈见底的河水全被污染了。我们的村民历年来都是饮食那条河的水的。自从这一年来饮了那些河水，就有不少人发病了，还有些人已到垂死的边缘。不少村民为医治疾病，卖田卖牛，甚至有人要卖屋，苦不堪言！我这个当村长，看在眼里，痛在心里。如今我的老婆也染了病，我现在要拉牛到镇上去卖掉，换钱给老婆治病呀！”

马咬耳向陆常平说：“村长，你这头牛暂时不要拉到镇上去卖，先带我到那河边去看一看，或许我有解救你们的办法。”

“好的，你跟我来。”于是，陆常平带着马咬耳到村边的那条河岸边去了。

河道十多丈宽，灰褐色的河水从上游缓缓地流向勒流村这边来，河面上袅袅升腾的热气，弥漫着阵阵臭味。河面上不时漂浮起几条死鱼来。

马咬耳皱起眉头：“这河水的确很脏，你们的村民怎能用作饮用水呢？”

陆常平：“有道是，马死落地行。人总是要饮水煮饭呀！我们的村民把这河水挑回家里，倒进大缸后，用白矾来澄清它，然后用作饮用水了。”

马咬耳：“既然河水如此低劣，你们难道不可以找别的水源吗？”

陆常平十分无奈：“唉，我们这村世世代代唯一饮用的水源就是这条河呀！”

马咬耳建议道：“你们可以去河头村跟开办缫丝厂的人论理，要他们杜绝河水的污染，还要他们作金钱上的赔偿呀！”

“赔偿？这等于大白天说梦话。他们是恃势欺人，跟他们论理没有用。”陆常平无奈地摇了摇头，诉说其中原委。

顺德是南方蚕茧主要盛产地之一。蚕茧缫丝后，比直接卖原材料的利润高得多。尤其顺德蚕丝在杭州、苏州等地奇货可居，虽然价高但仍然十分抢手。于是河头村的雷天虎、雷天豹、雷天熊、雷天狮这四兄弟去年合伙开办了一间规模不小的缫丝厂。

雷氏四兄弟财雄势大，历来恃强凌弱，堪称地方一霸。方圆十里，无人胆敢招惹他们。

办厂做生意，这本来是无可非议的，但雷氏兄弟为了节省成本，就将缫丝后的热水、污水直接排进河道里，而那河道的水是勒流村村民唯一的饮用水。勒流村的村民将那些河水经过处理后初时饮了，并没有什么特殊反应，但日积月累，就引发疾病缠身了。陆常平曾经带着村里的人前去跟雷天虎他们兄弟协商如何解决，反而得到一顿臭骂，被赶了回来。

听了陆常平的讲述后，马咬耳愤愤不平，道："既然协商不成，那么，你们可以告官来解决问题呀！"

陆常平的脸皱得像苦瓜干一样，道："我亲自到县衙去告过几次状，但却是屡告不胜。"

马咬耳："啊，有这样的事？！这是明摆着可以打赢的官司却输了，难道这内中有蹊跷？"

"是的，"陆常平一脸的无奈，"首先，雷天虎他们有一位厉害非常的状师牛召草。"

马咬耳："那状师如何厉害？"

陆常平："牛召草在我们这一带是出了名的恶状师。他狡猾刁钻，能言善辩，能够将黑的说成是白的，将牛说成是马。明明被告方没有理，但经他在公堂上巧舌如簧，讲述一番，他那一方就会胜诉。上个月我跟他对簿公堂，那个牛召草状师说什么'世间是人往高处走，水往低处流。天公早已安排勒流村在下游，所以只能是各安天命了'。"

"哟，这是砌词狡辩，那个牛召草的确是丧尽天良！"马咬耳有决心地，"这一回我倒要前往县衙公堂去跟这个恶状师较量一番，替你们打赢这场官司。"

陆常平摆着手："事情可不是那么简单，即使你替我们上公堂去打官司，其结果也肯定是输的。因为除了那个恶棍状师牛召草外，知县大老爷也是站在他们那一边的。"

马咬耳："难道他们有利益上的交集？"

“是的！”陆常平口气肯定，“我曾经去做过调查，得知雷天虎他们几兄弟经常携带礼品前往县衙去拜访那位知县大老爷。今年年初，雷天虎的母亲做七十大寿，知县大老爷还亲自到他们河头村参加那老太婆的寿宴哩。”

马咬耳听后推测：“如此说来，那知县大老爷与雷氏兄弟肯定互相有利益输送。”

陆常平：“有人暗地告诉我，知县大老爷在河头村那间缫丝厂也有干股分红的哩。”

马咬耳这才知道事情的严重性：“啊，看来这是块难啃的硬骨头呀！”

“就是嘛，为这件事我东奔西走，脑汁绞尽，却不能为村民解危纾困。现在我已是心力交瘁了。”陆常平用手捶打着自己的胸口，“身为一村之长，我真是无用的饭桶呀！”

马咬耳安慰他：“此事不能责怪于你。一个人办事，只要尽力就行了。有道是，有山就有路，有水就有桥。人世间，办法总比困难多。”

就在他们说话之时，有十多位精壮青年，分别拿着菜刀、砍刀和锄头锹铲，怒气冲冲地朝他们走来，要往村外去。

陆常平见势头不对，双手一字张开，拦在路中央，问带头的那位青年：“阿强，你带着这群人要去干什么呢？”

阿强牛高马大，阔口大脸，手臂粗壮，在勒流村的青年人中威信最高。这次就是他带头前往的：“我们要到河头村雷天虎他们家里去，跟他们论理。”

陆常平：“啊，你们这样做，势必会引起一场激烈械斗。”

阿强一拍胸口，声如响雷：“雷天虎他们是欺人太甚。斗就斗吧！”

跟随的那班青年纷纷举起手中的工具，喧哗着，说要跟雷天虎他们打斗一场。

陆常平正告道："雷天虎除了四兄弟，他们家族人多势众，你们拿着家伙去寻衅，势必会吃亏的。"

"呸！"阿强正在怒火中烧，往地面狠狠地吐了一口唾液，无惧地，"横又死来竖又死，他们要我们死，我们也要他们不得活！"

马咬耳脸色严峻："如果这样，说不定两个村各自会死伤不少人哩。"

众青年在纷纷发泄心中的愤怒：

"我父亲因喝了那些水病倒了，我儿子也得了病。"

"为了替我娘亲医病，我已经把家中的猪和牛都卖掉了，现在已是无法可想。"

"与其在村里坐以待毙，倒不如跟他拼一个鱼死网破。"

"打死一个够本，打死他们两个有赚。"

马咬耳见群情汹涌，挺身上前，摆手劝阻："你们如此鲁莽行事，会引起更大的祸端，甚至还会引发两村后代世仇。"

陆常平也意识到事情发展下去的严重性，迭迭摆手："阿强，你们这样去寻衅，不行！不行！"

阿强的大眼仍然喷出怒火："佛争一炉香，人争一口气。难道眼睁睁任由他们来欺负我们？！"

马咬耳知道这是会引起血案，举起手来，往下压了压："大家别太偏激，世间的事情总有解决的办法。"

阿强对这位陌生人开腔了，问道："你能有什么解决的办法呢？"

马咬耳觉得此时要挺身而出了："我可以替你们打这场官司。"

"打官司有屁用，"阿强指了指陆常平，说，"我们村长为了打这场官司，到县衙门跑了几趟，结果都是竹篮打水一场空。"

陆常平无奈地："是呀，我脚毛跑甩了一大堆，口水也讲到干了，结果却是得个吉。"

马咬耳的脑海里飞速旋转，顿时有了想法，道："这不过是一起小小的官司，没有什么难打的。"

陆常平见马咬耳讲得如此轻松，问："客官，你说话好像竹织鸭下巴——嘴轻轻的，你究竟是什么人？"

马咬耳这时只好坦诚地将自己的身份向陆常平讲了："村长，我是一名状师。"

听到这位不速之客是一位状师，陆常平似乎是溺水者抓到了一根稻草，问道："你叫什么名字？"

马咬耳指了指自己的胸口："人称我马咬耳。"

陆常平："是不是新兴县那边大名鼎鼎的状师马咬耳呀？"

马咬耳点头应道："正是。"

由于有关马咬耳的传说被人添油加醋，越传越远，越传越走样，甚至变得离奇古怪，因此陆常平对他的诉讼案略有所闻，但这宗案的难度很大，所以再问："你对打赢这场官司有几成把握？"

马咬耳满有信心地："如果没有十足的把握，我怎会惹屎上身呢？！"

在走投无路之际，陆常平觉得也只能让这位状师前去试一试，许诺道："马状师，如果你能够替我们村打赢这场官司，我们一定会重重奖赏你。"

马咬耳淡然地："奖赏乃是平常事，我只是出于公理才愿意替你们出头来打这场官司的。但是，你们要依照我的吩咐去办才行。"

陆常平点着头："只要你能替我们打赢这场官司，我这个村长保证，一定会遵照你的吩咐去做。这样吧，你先到我们村的祠堂去坐坐，喝杯茶，我叫村中其他长老一起来研究对策。"

马咬耳点了点头："好的。"

勒流村的祠堂用花岩石砌成，里面的天井宽敞明亮，村中的几个长老来到这里。大家寒暄饮过茶后，马咬耳先开腔，讲出了他的想法。

那些长老听后频频颔首，散开后分头去办。

陆常平叫人拿来了纸笔墨，马咬耳在案桌上伸纸蘸墨，执笔挥毫，如行云流水般写着状词。

三天以后，阴雨霏霏，天色晦暗。

顺德县衙门大门口两旁摆着的石狮子怒目睁眉，直视前方，威武迫人。

马咬耳身怀着写好的状纸，拿起衙门大门口旁放着的鼓槌，将惊堂鼓敲得“咚”“咚”响。

知县大老爷名叫石锦俊，听到惊堂鼓后，马上升堂，见马咬耳跪在堂下，喝问：“草民击鼓，状告何人？”

“恭请大老爷先看状词。”马咬耳回答后，从怀里掏出状纸，双手举起，递了上去。

石锦俊做了一个手势，衙役上前取下状纸，递了上去。石锦俊展开状纸，低头一看，这状纸并不像一般的状纸那样写得长篇大论，而是只有两行字：“怒见河头出富翁，悲看勒流丧万民。”石锦俊想起以往每次来告状都是勒流村的村长陆常平，怎么今天来了这个陌生人呢？把脸一沉，叱喝道：“河头村与勒流村纠葛这宗案件，本官已审理了多次，早已定案。你现在还要我来再审，简直是浪费时间，退堂！”官袍一甩，就要离座。

马咬耳不肯就此离开，大声地叫道：“大老爷，您停步！”

石锦俊站停了脚步，转头不满道：“在这里，是你说了算，还是我说了算？呸，你想指挥本官？！”

马咬耳举手指了指公堂正中高高挂着“明镜高悬”的匾额，说：“大老爷您吃朝廷俸禄，身为县官高坐在公堂之上，其职责是为民做主，为民纾困，解民于水火之间。大老爷，若然您真的是明镜高悬，就应该细察民情，昏官只会坐井观天。”

石锦俊怒气冲天："哟，你是吃了虎胆熊心，竟然敢讽刺本老爷为昏官？！来人，将这个家伙轰出去！"

众衙役一拥而上，就要动手驱赶马咬耳。

"慢！"马咬耳喝住了衙役，挺胸站立，并无退让之势，脸色冷若冰霜，声如洪钟，"如果您今天不重新审理此案，我就要与您较量到底！"

石锦俊从来都没有见过有人胆敢在公堂上咆哮，与自己来个硬对硬，喝道："你是何人，胆敢前来搅事？"

马咬耳脸如冷霜，回答道："草民马咬耳，是一位状师。"

"马咬耳？"石锦俊听到这个名字，身子像被针刺了一下，定睛想了一下，终于记起来了，"你是不是新兴县那边的状师马咬耳？"

"正是。"马咬耳朗声而答。

马咬耳替人打官司的趣闻轶事也流传到顺德这边，石锦俊对此也有所闻，知道来人并非凡品，需要认真对待，道："新兴县离我这里有数百里远，你因何要来我顺德搞事呢？"

"草民这次前来，并非搞事，而是为民请命。"马咬耳厉声道，"昏官只会坐井观天，要么是听信谗言，要么是收受利益而蔑视律法乱判案。您作为一县之官，应该亲自到勒流村一趟，深入民间做现场调查，了解环境污染之祸害，这样方能明察秋毫，体恤民情，以作明断。"

石锦俊捏着下巴，两眼怔定在沉思着，心中如有吊桶在七上八落。

马咬耳见对方沉吟，趁机而上："草民这次只不过是路过贵县多管闲事而已。如果大老爷不愿到勒流村现场去细察民情，那么，您可以就此退堂。草民唯有离开此地，到省城巡抚衙门的按察司去面呈此案。"

石锦俊虽是个七品芝麻官，但他是个见上拜、见下踩的人，一向深谙为官之道。因为自己曾经收受过雷天虎他们的贿赂，并且雷天虎他们许诺那缫丝厂每年都将会有红利分给自己，所以几次开堂断案都倾向了雷天虎这一方。

如今听到这个状师要亲自往省城巡抚衙门的按察司去告状，这件小案就会演变成通天大案了。想到这里，一股寒气从石锦俊的心底里升腾而起，迅速漫遍全身，他摆着手说："马状师，你别太心急，有事好商量，有事好商量。本官办案历来是倾听民意的，既然今天已接过你递来的状纸，我就不会轻易就此退堂的。"

马咬耳见石锦俊这副模样，知道自己这一着已奏效了，说："如此说来，大老爷您愿意随草民到勒流村一行了？"

石锦俊思忖再三，终于下了决心："那当然，那当然！本官今天就随你到勒流一行，查探究竟。"

马咬耳提议道："大老爷，您如果带着大群衙役摆大阵仗去勒流村，势必会引起混乱，倒不如微服出访，只带两个改穿便服的衙役。"

石锦俊称赞道："你想得真周到，真不愧是名满四方的大状。"

马咬耳见这位知县已经往自己设下的圈套里钻，连连叩头："大老爷您真是青天大老爷。"

于是，当天石锦俊脱下官袍、换过便服，带着两位穿便装的官差与马咬耳一起前往勒流村去了。

刚下过一场大雨，灰蒙蒙的天空，如同被人刷过一层锅底灰。

勒流村的村道湿漉漉的，马咬耳和带着衙役们的石锦俊刚进村，就见到十多副棺木停放在村道两旁，腐尸的恶臭一阵阵地随风传来，刺人鼻孔，令人闻之几乎想呕吐。

石锦俊忍不住打了几个喷嚏，急忙掏出手帕捂住鼻子，皱起眉头。

石锦俊再往村里面走去，那臭味更加浓烈，家家户户的大门口处都装上香烛，撒满白纸冥钱，阵风吹来，将那些冥钱吹得在空中乱飞散落，里面传来了男女老少失去亲人呼天抢地的号哭声，一片凄凉景象。

石锦俊来到一家村民门口，探头望去，见里面摆设了灵堂，一些人披麻戴孝跪在地上掩面啼哭。

马咬耳向石锦俊道："大老爷，草民我写的状词并非虚假吧？"

石锦俊蹙着眉宇，点头道："果真像你状词所写一样，原来勒流村那么多人染病，还死了不少人。"

马咬耳装得一脸苦相，提议道："现在村里浊气弥漫，说不定会爆发瘟疫。在这村里待久了，我怕病毒会传染给大老爷，不如我们先退出村外再从长计议。"

"好的。"石锦俊进村时已害怕被病菌传染，累及家人，马咬耳这话正中下怀，便与马咬耳一道退出了勒流村，来到村口的那棵枝繁叶茂的大榕树下。

马咬耳走到石锦俊的身旁，小声地建议："世间之下，最好是大事化小，小事化无。自从河头村雷天虎他们建起缫丝厂将污水直排至河道里去，严重污染了下游勒流村的饮用水源，导致勒流村的村民疾病丛生，频频死人。您作为县官，为民解困，责无旁贷。"

石锦俊："你的意思是？"

马咬耳伸出了两只手指，摇了摇："您面前摆着两步棋。"

石锦俊引颈而问："哪两步棋？"

马咬耳脸色严峻："首先要河头村雷天虎他们赔偿八百两白银给勒流村的村民，给他们治病，把因医病而卖掉的房子、田地和耕牛赎回来。"

石锦俊再问："另一步棋呢？"

马咬耳："雷天虎他们要么关掉缫丝厂；要么对缫丝厂进行整改，花钱重新搞好污水处理系统，污水不能直接排进河道里去。"

石锦俊皱起眉头在思忖着，雷天虎他们曾经给过自己一些钱财和许诺过分红的好处，如果有违雷天虎那边的意愿，他们会怎样看自己这位一县之官呢？所以对马咬耳列出的条件，他并没有马上开腔答允，吟哦地："这……这……"

马咬耳见石锦俊犹豫不决，便以警告的口吻说："大老爷，如果您对处理这件事犹犹豫豫，推迟下去不能妥善解决，两村的矛盾就肯定会逐渐激化，一场大型的械斗不可避免。”

石锦俊仍在犹豫：“事态不会那么严重吧。”

马咬耳认真地：“并非草民在危言耸听。我了解过，勒流村的人为此事个个义愤填膺，摩拳擦掌，说什么要跟雷天虎他们拼个鱼死网破。现在事态是势急燃眉，我这个过路客是出于好心才出面替他们写状纸，前往县衙打官司的。我这样既是替两个村的人着想，也是为大老爷您着想。”

石锦俊不解地眨巴着眼睛：“为我着想？”

“是呀，”马咬耳侃侃而谈，“今年年初，您曾亲自前往河头村替雷天虎的母亲祝寿，如果没有深层利益的交集，一个朝廷命官这样做不但不明智，而且还会埋下无穷隐患。您若然对此案再判得不公不正，我明天便到省城巡抚衙门去找韦按察使。”

石锦俊浑身轰然一震，瞪大眼睛：“什么？你认识巡抚衙门的韦按察使？”

“是的。”马咬耳脸色严峻，口气认真，“去年韦按察使回广西桂林省亲后，归途中曾经到过新兴县访查，在驿站与我促膝详谈了一昼夜，还说日后有什么难事可以直接到巡抚衙门的按察司去找他。如果我将此案直递至韦按察使那里，他定然亲自过问此案，专程前来顺德查究，看你与雷天虎有无金钱利益方面的交集。我恐怕您到时百口莫辩，难脱干系哩！”

其实，马咬耳并不认识那个韦按察使，只不过曾经听李华章讲过巡抚衙门的按察使姓韦，是广西桂林人而已。事急马行田，他这次又将以前惯于整蛊人的小聪明用上了，拉大旗作虎皮，对这个身上有屎的知县来个“抛浪头”。

按察使在省巡抚衙门里，地位仅次于布政使，为正三品官，别称“臬台”，其衙署称为按察司。其权责是办理全省的刑名案件，勘核词状，管理囚犯，每年秋审，还要充当主稿官。其职责是惩恶扬善，振扬风纪，澄清吏治。“臬台”与“藩台”合称为省里颇有权威的两司。

“啊，这位路过的状师是初来乍到，他竟然也知道我以前到雷天虎家给其母亲祝寿的事！看来他神通广大，不可小觑。若然他到省里请韦按察使驾临这里细查，到时一定会从河头村雷天虎那边追查下去，那个雷天虎在官威胁迫下守不住嘴巴就会让自己受贿之事露出馅来，一个贪赃枉法罪名就足以使自己变成了铁窗死囚。”石锦俊想到这里，一股冷气从心底冒出。

马咬耳见石锦俊这副神情，继续追击：“大老爷，撇开您与雷天虎一家的交集不说；您不妨细心地再想一想，若然在您管辖的地盘上酿出大宗人命血案惨剧，势必惊动四方。上司闻之，定会追责下来。渎职之罪，不但让您官位难保，而且您将会大难临头，轻者要您抄家坐牢，永无天日，重者就要法场问斩，命丧黄泉。到时您的妻子与儿女就会变成犯人的眷属，陷于万劫不复的境地。”

“啊……”石锦俊被吓得浑身上下打战，“把柄已紧紧握在对方手中，此事如果深究下去，那就非同小可呀！”

此时，太阳从天空云层的缝隙挤了出来，把光箭射到了大地，村道也亮堂了起来。

石锦俊的脸色变得如同白垩般惨白，双脚发抖，冷汗涔涔而出，顺着额角流到到眉头处，便用袍袖抹了抹脸上的汗珠，不由自主地喘起气来。

马咬耳来个趁热打铁：“孰轻孰重，望您权衡。现在大老爷只需一句话，就可以化矛盾于无形，保自身于明哲。况且，这次我是为民请命，您是匡扶正义。您与我都是一举两得，这又何乐而不为呢？”

马咬耳这番话，针针到肉，句句见血。石锦俊知道面前这位状师的能量大得可以通天，事到如今，明哲保身方为上着。作为一县之官，石锦俊此时竟然放下官架子，以谄媚的口气说：“马状师，你真是一言惊醒梦中人，本官定当照你的话去办。”随即，招手把站在那边的衙役叫了过来，下令道："你马上到河头村去，把雷天虎召到衙门里来，本官有话要跟他当面说。"

"是。"衙役领命后，脚步匆匆地往河头村那边而去。

"你等着我的好消息吧。"石锦俊向马咬耳说了一句，还谦和地拱手行了大礼，马上打道回府去了。

一个时辰之后，雷天虎跟随着衙役急急地赶到县衙去，恃着平日跟石锦俊是好朋友，径直来到县衙的后花园里，见到正在焦躁不安地踱步的石锦俊，问道："大老爷，急召小民到此，不知有何训令？"

石锦俊肚子的怨气与怒气要找人发泄，见到雷天虎后，怒眉上扯，扬手指往河头村的方向，责问道："雷天虎，你们几兄弟开办的缫丝厂对勒流村造成了祸害，现在有位名叫马咬耳的状师替他们出面打官司来了。"

雷天虎"嘻""嘻"地干笑了两声："咳，大老爷，我以为是天塌了下来，原来是有状师前来替勒流村打官司。"

石锦俊："不是猛龙不过江，那个马咬耳可有来头的哩。"

雷天虎鼻翼翘起，蔑视道："我们那个牛召草状师不是常胜将军吗？可惜昨天他带着小妾侍去广西桂林游玩去了。大老爷，您把这单官司压后几天，等牛召草状师回来您再开堂审案未为迟呀！"

石锦俊板着脸："等几天？再等我和你就会满身屎了。"

雷天虎未明一向对自己友善的知县大老爷今天忽然变了脸，反问道："我开我的缫丝厂，他们耕他们的田，几次公堂审理此案，您不是都说这是井水不犯河水吗？！"

石锦俊："勒流村的村民喝了你们的缫丝厂直排到河里的水，现在有不少人病倒了，也死了不少人。"

雷天虎听后却不以为然："人世间谁没有病？勒流村死了人我可未曾听到过。肯定是有人造谣生事，大老爷，您别听他们胡说八道。"

石锦俊没好气地："什么造谣生事，胡说八道，今天我亲自到过勒流村去查证过。有道是，耳听为虚，眼见为实。他们村确实是死了不少人，哭哭啼啼之声不绝，尸体腐臭令人闻后窒息呕吐。”

雷天虎：“啊，有这样的事？”

石锦俊的脸扳起来：“雷天虎，别再在这里口水多过茶了。你要么马上关掉那缫丝厂，要么花些钱把缫丝厂的污水处理系统搞好，不能再直接排放到河道上去。杜绝对四周的环境污染！”

雷天虎眨巴着不解的眼睛：“大老爷，勒流村的人来状告我们有几次了，公堂之上，您亲自审理此案，并且当堂判了勒流村他们败诉，怎么今天又突然变卦了？”他还蒙在鼓里，仍然倚熟卖熟。

石锦俊脸色变得铁青：“以前的事情现在都要一笔勾销，从此以后，你不要再在别人面前重提了。”

雷天虎仍然心有不甘：“大老爷，您这样做，岂不是朝令夕改吗？！”

石锦俊见对方还不领会自己的意思，心结又不能直接告诉对方，朝着雷天虎的胸口就是一拳，来一个下马威，双眼喷出怒火：“呸，雷天虎，你竟敢质问本官？！可谓是吃了豹子胆！”

雷天虎猝不及防，被一拳打得后退了几步，见知县大老爷突然翻脸，惊慌起来：“我哪里胆敢质问大老爷呢？我只是不明白，为何您这么快就彻底改了判词。”

“本官经过再三思量，想到你们两村是相邻之乡，朝见口来晚见面，正是冤家宜解不宜结。”石锦俊向他当面说明利害关系，“你们为了自己赚钱，将缫丝厂的污水直接排进河道去，引发勒流村那边遭了大殃。你知道吗，勒流村的人已经组织起队伍，准备到河头村去，跟你们来一场械斗。”

“跟我们械斗？”雷天虎听后脸露轻蔑之色，“须知，我雷天虎四兄弟威震四方，加上我们家族人丁兴旺，方圆十里，从来没有人胆敢跟我们来硬的。如果勒流村的人前来动武，岂不是鸡蛋碰石头？！我保证把他们打得片甲不留，有来无还。”言罢一副得意扬扬的样子。

石锦俊怒眼一瞪："哼，你真是不识好歹！勒流村因你们造成的河水污染而死了那么多人，看在你我昔日的交情，我没有将你捉拿问罪，打下监牢，已是网开一面。如果你们两村真的引发械斗，双方便会死伤不少人，成了通天大血案。首先追责就是你这个带头人，还要累及你们几兄弟及其他家人。现在你要按我的吩咐去做。"

雷天虎："大老爷有什么吩咐？"

石锦俊："你马上回村里去，取出八百两白银赔偿给勒流村的村民，让他们治病，将因治病卖掉的房屋田地和耕牛赎回来。"

雷天虎生性凶恶，又是个吝啬鬼，听到要赔八百两白银，犹如割了他身上一块肉那么痛，所以摆手一口回绝："哼，要我赔那么多钱，我不干！"

"你不干也得干！"石锦俊脸色冰冷，警告道，"难道你作的孽要老爷我来赔钱吗？雷天虎，须知这件事被那个状师马咬耳捅到省按察使那里去，上司下来追查，到时你不死来就是我要死。现在我有言在先，如果抗命，一意孤行，轻则要你坐牢抄家，重则就要杀头填命。要钱还是要命？现在你只能够二选一。"

雷天虎见石锦俊这位知县大老爷今天一改以前对自己的态度，得知情势有变，听到石锦俊这番关于坐牢、杀头的话，顿时吓得脚也软了，知道手臂拗不过大腿，识时务者为俊杰，只能是破财挡灾，连忙说："既然是大老爷亲自做主，小人哪里胆敢违抗？要我们赔八百两白银，那就赔吧。我现在就回村里去，送钱到这里来，马上叫人将缫丝厂的污水系统处理好，保证以后不会将污水直接排放到河里去。"

石锦俊警告道："雷天虎，这件事你一定要迅速办妥。十天后，我会亲自到河头村去查访验收。如果届时你还没按照本官的话去整改好，我就叫人拉你进监牢，尝一尝铁窗的滋味。"

"是、是。"一向骄横跋扈的雷天虎频频点头，变成了丧家犬，垂头丧气地退出了县衙，返回河头村去了。

勒流村明明没有死人，更没有死那么多人，为什么在知县大老爷来视察时会变得臭气熏天呢？原来，这全凭马咬耳施下妙计：他在祠堂与诸位长老研究后，首先叫村民将各家预先为老人准备后事的棺木从屋后抬了出来，放在各家各户的大门口，另外，在村中隐蔽的地方放大量的死鱼烂肉，烧着香烛，叫村中的妇女、小孩装扮像死了亲人的家属，一齐来号啕哭丧，营造成一副凄惨无比的骇人景象。马咬耳使出了他的看家本领，在现场对知县大老爷石锦俊晓之以理的同时，更来个又拉又吓，便将这场官司的局面扭转了。

两天后，衙差来到勒流村，说知县大老爷今天要重审两村争拗一案。

勒流村村长陆常平与马咬耳再度来到县衙门，石锦俊端坐在公堂上，将惊堂木猛拍了三下，下了最终判决："河口村雷天虎因私排污水到河道里，造成勒流村的村民受到祸害，判雷天虎他们要拿出白银八百两，赔偿给勒流村受害的村民，还要马上回去对缫丝厂的污水处理系统进行彻底整改。"

雷天虎他们在公堂上捧着八百两白银交给陆常平，还要低声下气地赔礼道歉。

陆常平他们捧着那白花花的银子回到勒流村，将村中长老召集到陆氏宗祠，大家一起分析研究，将赔偿得到的八百两白银按各家各户受害的实际情况进行公平公正的分配。

隐患已除，又得到了赔偿金，勒流村的村民喜笑颜开：他们有钱治病了，还可以用钱赎回自己的房屋、田地和耕牛等。

村长陆常平与长老们对马咬耳感激万分，提出要重金酬谢他。

马咬耳挠头想了一下，向陆常平道："你们不必用金钱来酬谢我。如果一定要酬谢的话，就替我做两件事吧。"

陆常平："哪两件事？"

马咬耳："第一件，我家的祖坟虽然从大南河边迁到乌鸦仔山冈上，但是因钱银问题，只是一个坟茔，我想将它修葺得更好一些。"

陆常平：“这件是小事一桩，没有问题。第二件事情呢？”

马咬耳：“如果能够为我修理好家乡的百步梯，就更好了。”接着就讲出他家乡上沙村大南河那里有一个斜坡百步梯，以前曾经用过青砖来砌结，但百多年来日晒雨淋、年久失修变得破烂不堪。天下大雨时有些地方就变得一片泥泞、异常湿滑，村妇到河边洗衣服经常滑倒，村民出行十分不便。如果能够用长条石块把河边的百步梯修复铺好，再用石板砌就一个码头，那就是遂了他的夙愿。

马咬耳这个要求并不高，花钱也不多，并且是实实在在的。

陆常平向马咬耳竖起了大拇指，称赞道：“马状师，你真是世间难见的大好人，不为自己谋得金银财宝，而是想到造福乡梓。”

马咬耳：“这是我应该做的。”

陆常平：“好的，我当尽全力，会将你家乡那百步梯搞得妥妥善善的。”

有钱就好办事。勒流村的村长陆常平带着村民到四周去查找，精心挑选了一批上好的花岗岩石板，每块长约五尺，宽一尺，厚三寸。还请来一批能工巧匠，到新兴县太平镇上沙村，落足心机，用那一百块优质长条石板铺好了大南河边的百步梯，还用石板砌好了一个码头。有了这个码头后，上沙村和远近的村民承接上游杉木和其他物品落船运往县城及肇庆等地变得十分方便。

顺德勒流村还出资将马咬耳的太公梁宗秀坟墓修葺扩建：乌鸦仔山冈上的祖坟占地数亩大，正面朝西对着大南河。这祖坟规格也高，在花岗岩石所砌的主坟两边建起了左右两个“山手”作为护拱，分别勒石，名为“左辅”“右弼”，意为北斗七星的善星与吉星。祖坟是以颇有王气的白鹿台山为案台，相传那里是南越王当年狩猎白鹿的地方。

马咬耳路过顺德，用他的聪明智慧，既为勒流村赢了这场官司，还那里的村民一个清净安逸的生存环境；也为家乡上沙村做了一件造福子孙后代、功德无量的好事。

十五 借被一打牛召草

“人怕出名猪怕壮”。此言不假。

身为状师的马咬耳在公堂上赢了许多官司，名声在外，使不少人沉冤得雪，也为此得罪了一些人。

外地有位名叫邵兴的富商，因马咬耳的卷入，他那场占地官司由赢变成了输，为此赔付了不少钱。他对马咬耳恨得咬牙切齿，专门带着一位风水先生来到新兴巡看，见县城附近“上有笔架山，下有小稳尖，旁有背带塘”。车岗地域的小稳尖山又名尖顶岗，尖尖的山顶形似一支耸立云天的文笔，并且会年年长高。邵兴便带人在月黑风高之夜来到小稳尖山巅，挖了大洞，放置石碑，打下“童子桩”，以为这样破了风水阵就可以给马咬耳带来厄运。

岂料，此招不但不见效，其后，马咬耳的状师事业反而越来越红火。

有道是树大招风。恶状师牛召草那年回到顺德后，知雷氏兄弟输了官司，对马咬耳一直怀恨在心，终于按捺不住，便前往新兴县要跟马咬耳一较高下。

冬天的夜来得分外早。夕阳在肇庆城西的龟顶山那边刚坠落，天地开始昏暗起来了。

北风呼啸着掠过西江，水面翻起了道道波浪。

马咬耳在肇庆城办完了一件公案，朋友阿生一直送他来到了港口码头，等候着客船泊岸。

这里是西江岸边一个繁华的港口。

一艘客船在肇庆港口码头泊定，四面八方而来的旅客携带着行李陆续在码头上等候着。暮色重罩下来，有位船员站在船头，双手做喇叭状，大声地叫道："现在开始上船了。"码头顿时热闹起来：人们纷纷拿起自己的行李，熙熙攘攘往前移动。

来给马咬耳送船的阿生忽然发现了什么，指着前面不远处的那个人，轻声地对马咬耳说："哟，牛召草。"

马咬耳好像被电触了一下，浑身震了震："牛召草？是不是专门整蛊人的那个状师牛召草？"

阿生点着头，回答道："是的，我做生意经常到顺德那边去，知道牛召草是一个恶棍状师，既可以说是大名鼎鼎，也可以说是臭名远扬。"

牛召草这个名字，对马咬耳来说，可以说是听得耳朵都生茧了。皆因在新兴云浮一带，人们常常将他与顺德的牛召草相提并论，所以马咬耳是只闻其名，不见其面。上次在勒流村时就曾经听村长陆常平讲过牛召草的劣迹，本应在顺德那边的公堂上跟他来个针尖对麦芒般的较量，但当时牛召草带着他的小妾侍外出游玩去了，便失之交臂。今回，真是机缘巧合，让他们在肇庆城的西江港口码头不期而遇。

牛召草穿着灰黑色长马褂，脚穿着黑色平底布鞋，一头挑着一个小包袱，另一头挑着一张捆扎好的棉被，跟随着人们上船去了。

马咬耳连忙与阿生挥手作别，快步从人丛中挤了上去，特意跟在牛召草的后面。

过了长长的木跳板，进入船舱后，见牛召草在14号床位放下行李，马咬耳马上在他旁边的13号床位也放下了行李。这么一来，两人便成了船上暂时的“邻居”。

客船离开了码头，横渡过西江，行驶了一会，来到了新兴江与西江的交汇处，往南转入了新兴江，缓缓地逆水而上，船头激起了白色的浪花。

各人忙着将自己随身所带的物品安置。

马咬耳眼睛瞥见牛召草已经将东西放好，侧过身来，明知故问：“请问仁兄，您要前往哪里去？”

牛召草随口而答：“新兴县城。”

“啊，这么巧，我也是去新兴县城，我们是同路人哩！”马咬耳眼睛往牛召草脸庞上下扫了扫，“仁兄脸色红润，天堂饱满，想必是事业有成之人，请问尊姓大名？”

牛召草指着自己胸口，作自我介绍：“我叫牛召草。”

“哟，您就是牛召草？！”马咬耳惊诧得一拍大腿，显得不大相信，“您就是智慧高超的牛召草？”

“不错。”牛召草听到这陌生人称赞自己，习惯性地点了点头，胸脯一挺，摆出一副骄矜的神色，“看你这副惊讶的神态，难道你不相信我就是牛召草吗？”

“不、不！”马咬耳连连摆手，恭维地说，“牛召草先生大名如雷贯耳，可谓名动省城，不，应该说是名动岭南，今日有缘在船上与仁兄相遇，真是天作之合，天作之合也。”

牛召草：“这也是。”

马咬耳：“不知召草仁兄到新兴县城有何贵干，是去探亲还是做买卖呢？”

牛召草把他心里话照白讲出来："人传新兴县有个马咬耳，说他是个智慧过人的状师。去年，他趁我外出去了外省，来到我的顺德地头搞搞震，将早已定了案的官司翻转过来，使我的朋友为此赔了八百两白银，开的缫丝厂因为环境污染而关掉了。我越想心里越怨恨，这次前去新兴县是会一会那个马咬耳，当场教训教训他，让他跪在地上向我低头认错服输，压一压他的嚣张气焰。"

马咬耳听到对方是为了教训自己而来，说："你在顺德那边发财，马咬耳在新兴县这山区谋生，你又何必舟车劳顿，专程去新兴教训那个马咬耳呢？"

牛召草傲气而答："有道是，眼睛里容不下沙子，耳朵听不得流言。马咬耳将我在顺德本来已经打赢的官司翻转过来，等于使我威信扫地。近日又听到不断有人称赞他，这让我的心里像有根刺，觉得不舒服，所以专程前去整治一下他。"

"你这个恶棍状师找上门来寻衅滋事。哼，我马咬耳也不是一盏省油的灯。如今你在明处，我在暗处，待我一步步行好这棋局。"马咬耳心想后，顺着对方的话附和道："原来你到新兴县城来为的是这个？！我也听说，那个马咬耳确实太嚣张，你应该出面去整治整治他。"

牛召草见对方跟自己的观点一致，话语投机，道："啊，对了，只顾跟你闲扯，不知老弟你叫什么名字。"

马咬耳早已心中有数，现在不能暴露自己的庐山真面目，便编了一个假名来回答："我叫贾明。"

牛召草蔑视道："贾明？那就是贾老弟了？"

马咬耳迎合着："对，你叫我贾老弟就行了。"

这一晚，牛召草与马咬耳在船上天南地北、杂七杂八地闲扯起来。当然，马咬耳只是说自己是做药材的小本生意，这次出外是拿一些天露山采到的山草药到肇庆城去卖给一间山草药店。

马咬耳装得老实忠厚，讲话木木讷讷，故事编得有板有眼。所以牛召草对这个“贾老弟”没有戒备之心了。

客船沿着新兴江溯流而行，两岸的美丽景色全被浓黑的夜色淹没了。

冬天的夜，朔风怒号，无孔不钻，寒气漫满了整个船舱。

马咬耳冻得蜷缩成一团，用手拍了拍正在闭眼欲睡的牛召草：“喂，召草老兄，我现在冻得实在受不了。”

牛召草责诘道：“贾老弟，眼看天气转冷，你出门怎不做好准备呢？”

马咬耳自怨自艾道：“唉，我出门少，见识浅，加上出来已经十多天了，想不到天气突然变得这么冷。”

牛召草教训道：“大凡出门，都要考虑到方方面面，看，现在你就惹出麻烦来了。”

马咬耳带着求恳的口气：“我现在冷得实在忍受不住了。您能不能借你的棉被一角给我盖一盖肚子呢？”

“好吧，”牛召草想了想，教训道，“你呀，以后出门要考虑周到些。”

马咬耳诺诺连声：“召草老兄讲得对，讲得对。”

于是，马咬耳顺势将棉被往自己这边挪移了一些过来。

船剪开了波浪，在黑沉沉的冬夜逆水前行，经过一夜的航行，终于在新兴县城的东门桥头码头泊定了。

黑夜之神隐退了，拂晓姗姗来迟，东方的天空吐出了鱼肚白。

见天色逐渐发亮，旅客们纷纷起床，动手收拾自己的行李。

牛召草醒来后，揉搓着惺忪的眼睛，双手往上伸了几伸，便想收起棉被，殊不知那张棉被却被马咬耳一手扯了过去，迅速卷成一捆，再一把扯过放在牛召草床头的那条布带，将那张棉被捆扎起来。

牛召草见状，以为昨晚让出棉被一角给马咬耳盖肚皮，让他度过漫长的冬夜，对方感恩，大清早起来就帮助自己收拾东西，所以只顾收床头放着的行李，没有作声。

旅客们相继踏着长长的木跳板，离船上岸。

马咬耳拿起牛召草的小担挑，一头穿在捆扎好的棉被上，扛在肩上，连招呼也没有向牛召草打，就径自上岸而去。

牛召草见状连忙追了上去，一把扯住棉被，不让马咬耳再往前走，喝道："喂，贾老弟，你这是干什么来了？"

马咬耳侧身望着牛召草，眨巴着眼睛，反问道："你这话是什么意思？"

牛召草莫名其妙地："你怎么把我的棉被拿走呢？"

马咬耳一口咬定："这棉被怎么是你的？明明是我的呀！"

牛召草想不到自己昨天晚上借棉被给这个贾老弟御寒反而惹出祸来，真是好心被雷劈，没好气地骂道："呸！昨晚在船上你说冷得受不住，要借我的棉被一角来盖肚御寒。我出于好心才借棉被一角给你，想不到你现在竟然想反客为主，是这么一个无赖。"

马咬耳回击道："无赖？我说你才是无赖！"

"将棉被还给我！"牛召草硬拽着棉被，不让马咬耳走。

两个人在大街上，你拉着棉被的这一头，我扯着棉被的另一边，似拔河般拉扯起来，互不相让。因两人力量差不多，所以棉被刚被牛召草拉到左边去，很快又被马咬耳拉了回来。

"有人当街抢东西呀！有人当街抢东西呀！"马咬耳见难分胜负，扯着棉被不放，大声叫了起来。

街上的人听到叫声，马上围拢过来："谁人那么大胆，光天化日之下竟然明抢东西？"

马咬耳对着牛召草："就是他，要动手抢我的棉被。"

牛召草辩解道："你们别听他胡诌，这张棉被本来就是我的。"

马咬耳紧抱着那张捆扎起了的棉被，说："是我的。"

路人见他们争执不下，也不知道其中的前因后果，有人鼓噪："既然双方争执不下，倒不如去衙门见官，让他来判案吧。"

这人的提议正中马咬耳下怀，向牛召草说："我要跟你见官去。你敢不敢？"

"见官去？"牛召草想到自己身为状师，历来诡计多端，辩论起来舌灿莲花，况且这张棉被明明是自己的，正是有理走遍天下也不怕。现在对方竟然提出要去见官，觉得这正是教训教训这个无赖的好机会。于是，他大声地说："见官去就见官去，难道我会怕你不成？我看等会儿到了衙门，知县大老爷判案，你的屁股一定会被痛打三十大板。"

两人一边争执一边朝着衙门走去。

有些爱凑热闹的路人听到他们吵着要去见官，也跟着他们朝衙门的方向走去。不久，他们的后面竟然跟着一大群人。

来到衙门的大门口，右侧放着一面大鼓。这是给报案人专门用的。

马咬耳手抱着棉被不方便，牛召草则抢前一步，拿起鼓槌，对着大鼓猛地击打。

"咚""咚""咚"鼓声震天响，把衙门前大树上栖息的鸟儿吓得拍翅飞起，往远处急逃而去。

平时睡惯懒觉的知县大老爷与姨太太正在温柔乡里徜徉，在朦胧的睡梦中被外面密集的鼓声惊醒，心中甚为不快，只好爬出被窝，连脸也来不及去洗，就急急忙忙穿上官袍，趿上便鞋，下令升堂。

知县大老爷拖着慵懒的脚步，揉着惺忪的眼睛来到公堂之上，在太师椅上端坐下来。

两旁的衙役已拿着水火棍和木板等东西在公堂的两旁肃立着。

马咬耳与牛召草已在公堂上双双跪下，互相对骂着，争得不亦乐乎。

知县大老爷没好气地："你们有何天大的事情，大清早就猛敲惊堂鼓，惊动本老爷要来升堂判案？”

牛召草正想开口，已被马咬耳抢先告状：“大老爷，你要主持公道，他大白天抢了我的东西！”

牛召草见对方来个恶人先告状，大声地叫喊：“不，是这个姓贾的抢了我的东西！”

知县大老爷：“你们之间究竟抢了什么东西？”

马咬耳指着放在面前的那张棉被，说话时声音更大：“这个家伙抢了我的棉被。”

牛召草猛地摆手：“不、不！是他要抢夺我的棉被。”

知县大老爷一听，顿时火冒三丈：“呸！我以为是什么大件事，原来是一张值不了几文钱的烂棉被。这点小事，也要闹到公堂上来，浪费本官的宝贵时间。此事算了，你们自行协商解决。”把袍袖一拂便要退堂。

牛召草可不甘心被人欺侮，心想如果这官司打下去，自己有百分之百的赢面，所以不依不饶地说：“大老爷，你不能就此退堂呀！你要为小民主持公道。”

知县大老爷狠狠地瞪了牛召草一眼：“这是我的公堂，本官在这地头一言九鼎，要升堂还是退堂本老爷说了算。怎轮到你在这里给我作安排？”

牛召草受到训斥仍然不甘心，道：“大老爷，这棉被虽然值不了多少钱，但古语有云，莫以事小而不为。此事发生在你所管辖的地界，如果你在公堂之上对抢夺他人财物的恶人不加以惩处，就不足以威慑为非作歹之徒，地方的风化与秩序就会大受影响。”

知县大老爷听后只好收定了脚步：“听你这么说，确实有点道理。好，开堂就开堂吧。你们两人，究竟是谁抢夺了谁的棉被？”

“我先说，”马咬耳马上抢上话来，“是他抢夺我的棉被。”

牛召草侧身对着马咬耳：“呸！是你抢夺我的棉被。”

两人在公堂上大声争执，声音一浪高过一浪，听得知县大老爷烦躁极了，拿起惊堂木，高高举起，“啪”“啪”“啪”猛拍着案桌，道：“别争了，你们都说对方抢夺了你的棉被。本老爷要问，这棉被有何记认？究竟有何特征？”

牛召草见刚才马咬耳抢先告状，心想这次要先下手为强，后下手遭殃，挪前一步，争着回答：“我先讲。我这棉被是祖传下来的。”

“哟，祖传下来的，定是好东西。”知县大老爷点了点头，“这棉被有什么特点？快讲！”

牛召草陈述着：“我这棉被的布料是棉麻，被面是浅灰暗条纹。”

知县大老爷：“还有没有其他的特征？”

“还有……还有……”牛召草吟哦了一会儿，终于想起来了，“还有……被套里面所用的棉花是丝棉的。”

“你讲得有纹有路，”知县大老爷满意地朝着牛召草点了点头，转而向马咬耳，斥喝道，“大胆刁民，你抢了人家的棉被，还斗胆当着本老爷的脸耍起无赖来。这一回你的抢夺大罪实难饶。”

牛召草大喜，朝着知县大老爷伸出了大拇指：“知县大老爷真是慧眼如鹰，判案如明镜高悬，深得民心。”

知县大老爷把惊堂木往案桌上猛地一拍，再把手指向了马咬耳：“来人，这刁民抢夺他人财物，还要花招想欺骗本官，罪上加罪，给这个家伙重打三十大板。”

“得令！”在两旁站立的衙役应声以后快步冲了出来，用手按住马咬耳。

马咬耳厉声吆喝：“等等！”

知县大老爷冷眼地：“人家有证据摆着，你还想抵赖？”

马咬耳指了指跪在旁边的牛召草：“大老爷，须知刚才他所说的证据其实并不成为证据。”

知县大老爷："此话何解？"

马咬耳朗声地："这棉被的布质是棉麻，用手一摸便知；浅灰暗条纹，用眼一望便明了。这是人所共见的，这算得上是证据吗？"

"这……"知县大老爷一时语塞，俄顷，再问，"人家能够讲出被套里面的棉花是丝棉呢？"

马咬耳一本正经地："昨晚上船后，他睡在我的身旁，因天气太冷，央求我把所盖的棉被借点儿给他盖盖。我出于怜悯之心，因此，他与我一同盖过这棉被。船舱外北风冷冽，此棉被虽薄，但盖上去身子暖和如春，常人也会知道这棉被是丝棉，而不是一般棉花所做的了。"

马咬耳将昨晚的是非黑白完全颠倒过来，牛召草听后气得七窍生烟，咬牙切齿，但一时却说不出话来。而马咬耳这番话却令知县大老爷听后点了点头："你的话确实有一定道理。"

马咬耳见知县大老爷这副神态，知道自己这一招已初见成效了，紧接着说："大老爷，这张棉被是我家祖传的。"

牛召草急地插嘴："他在胡说！"

"你别插嘴，"知县大老爷狠狠地瞪了牛召草一眼，转向马咬耳问道，"你说这棉被是你家祖传的，有什么确凿证据呢？"

"有！"马咬耳此时讲话把声音提得高高的，"物无分贵贱，最重传家宝。从我祖父那辈开始，知道这丝棉被宝贵，便在这棉被的被套里面暗暗地留下了记号，暗授我们识辨这祖传棉被的方法。"

知县大老爷："啊，你的祖父考虑得那么周到。这棉被的被套里面有什么记号？又有什么辨识的方法。"

马咬耳一本正经地陈述着："当年我祖父就将两枚铜钱用手拗开作四瓣，三瓣分别暗藏于棉被被套里面的三个角里，留下一瓣让我们随身带着。"

知县大老爷向着马咬耳："听你如此说来，现在这棉被里面三个角里分别暗藏有一瓣铜钱的碎片？”

牛召草听后，觉得对方简直是在胡扯，大声说：“知县大老爷，你别听这个骗子在发翕疯了。这棉被一直是我带着，里面哪里有什么铜钱的碎瓣呢？”

“究竟有与无，不是你与我口讲的，”知县大老爷又不满地瞪了牛召草一眼，“我要当场验证便知。”

马咬耳鼓动着：“是呀，大老爷，当堂验看，证据为实。”

这回，牛召草瞪了马咬耳一眼，道：“哼，胡诌乱说，等会儿你屁股挨三十大板你才知道痛。”

知县大老爷把手一挥：“人来，给我当堂验证！”

“是！”衙役应答后，走上前来，解开捆着的棉被，伸手进被套里，分别往几个角上摸去。果然，在这棉被的三个角落里分别摸出了三块铜钱的碎瓣。

牛召草见此情状，一时间懵了，喃喃地：“这些东西从哪里来的呢？”

知县大老爷向着马咬耳：“你说你身上自带着一块铜钱的碎瓣，是吗？”

马咬耳点头应道：“是的。”

知县大老爷警告道：“如果你现场拿不出那一块铜钱的碎瓣，本官仍然判你是诬告！”

马咬耳提高声音，信誓旦旦：“是的，如果小民有作假证，大老爷你那三十大板我愿意挨，再加五十大板也是心甘情愿。”

知县大老爷：“那么，快快呈上来本官一看。”

“是。”马咬耳说罢，从身上的衣袋里掏出了那块铜钱的碎瓣，晃动着，他知道这一回是胜券在握的了。

衙役快步上前，从马咬耳手中取过那块铜钱的碎瓣，呈送到知县大老爷面前的案桌上。

知县大老爷接过那块铜钱碎瓣，与放在判案桌面上的那三块铜钱碎瓣当场摆弄着，拼凑起来，哟，果然拼凑成了两枚完整铜钱。

“看来你讲的是真话。”知县大老爷向马咬耳称赞道，“你祖宗那么早就给你留下这么一个证物，真是有先见之明。”

马咬耳加重口气：“江湖上云诡波谲，人心险诈，所以我祖宗这样做是不怕一万，最怕万一。”

“现在案情就是和尚头上的跳蚤——明摆着的了。”知县大老爷得意地指着马咬耳，大声地，“你的证据是确确凿凿的。本官判定，这张棉被的确是你祖宗传下来的。”

马咬耳听后，便故意将牛召草刚才的话语重复了一遍，伸出了大拇指：“知县大老爷真是慧眼如鹰，判案如明镜高悬。”

这张棉被明明是牛召草的，一直以来，里面除了丝棉胎外，别的东西都没有。怎么蓦地在这棉被里面的三个角落会有三块铜钱的碎瓣，而变成了马咬耳的呢？

原来，昨天牛召草答应借棉被一角给马咬耳盖后，不久就酣然熟睡了。听到牛召草发出均匀的呼噜声，马咬耳从自己的衣袋里掏出两枚铜钱，悄悄地拗断作四瓣，伺机将三块铜钱的碎瓣分别偷放在棉被的三个角落，而自己留下一块铜钱碎瓣放回衣袋里。

有道是明枪易挡，暗箭难防。尽管你牛召草平日计仔多多，但无心者最怕遇着有心人，这一回他碰到早有心计的马咬耳定然会吃大亏了。真是你有过墙梯，我有张良计了。

自己的棉被突然变成了是人家的，并且被知县大老爷判定是证据确凿。这突发而来的情况，令牛召草犹如坠落云雾山中，丈八金刚摸不着头脑，自言自语：“这是怎么一回事？这是怎么一回事？”

知县大老爷怒向牛召草：“人家拿出了确凿的证据，你现在还有何话可说？”

“我……我……”牛召草嘴巴嗫嚅了好一会，一时间却找不出更恰当的理由来辩驳，“我……现在不知道该如何回答，但我向你保证，这张棉被的的确确是我的。”

知县大老爷斜奋的眉毛往上一挑，冷脸如霜，叱喝牛召草：“事实明摆着，你才是真正的盗贼和无赖，当着本老爷的面还想诸多狡辩？！”

牛召草：“大老爷，我是冤枉的，比六月飞霜的窦娥还要冤呀！”

“本老爷平日最憎恨那些鸡鸣狗盗的，何况你这次是恶劣的抢夺。你这外江佬竟然前来我的地盘搞乱？！”知县大老爷怒火被点燃了，“你大喊冤枉，意思就是说我判错案了？”

牛召草举起双手，大声高呼：“大老爷，这回你的确是判错了，我的确是冤枉的呀！”

知县大老爷的怒火更炽了：“你这无赖，不见棺材不流泪。不给你一个重重的教训，你是不会觉醒的。人来，将他重打三十大板！”

“得令！”衙役们一拥而上，将牛召草按在条板凳上，剥开他的裤子，露出白皙的屁股，举起板子就要打。

“等等！”马咬耳大声叫道，然后双手朝知县大老爷作拱礼，“大老爷，小民对您有个小小的恳求。”

知县大老爷：“什么恳求？”

马咬耳指着被按在长凳上的牛召草，说：“他虽然犯了抢夺之罪，但这棉被毕竟并非是昂贵之物，实际值不了多少钱。大老爷您历来宽宏大量，宰相肚里可撑船。何不给他减去二十大板。打他十大板算了。如果这样，我们新兴县的百姓更会称赞您是恩威并重的了。”

知县大老爷捋着胡子，沉思了一会儿，说：“他抢夺你的祖传之宝，你却为他求情，真是君子风范。既然你这当事人出面来恳求，那么本老爷今天就格外开恩，但减去二十大板则太多了，显不出本老爷的官威，就减他十大板吧。”

有位老衙役上前问道：“大老爷，是把这个家伙打二十大板吗？”他说着用手指着趴在长板凳上的牛召草。

知县大老爷：“是，给我打他二十大板！”

“领命！”那些衙役举起板子，朝着牛召草的屁股“噼啪”“噼啪”地打下去。

牛召草历来都是春风得意，这一回却挨上了官非。衙役给的这二十大板，打得牛召草痛得龇牙咧齿，好像杀猪般大声号叫。

马咬耳见判案得胜，表面没有什么，但是心里偷偷乐着。

待牛召草挨了二十大板后，知县大老爷把袍袖一挥，叫道：“退堂！”随即先自离开了公堂。

衙役们也陆续退出公堂。

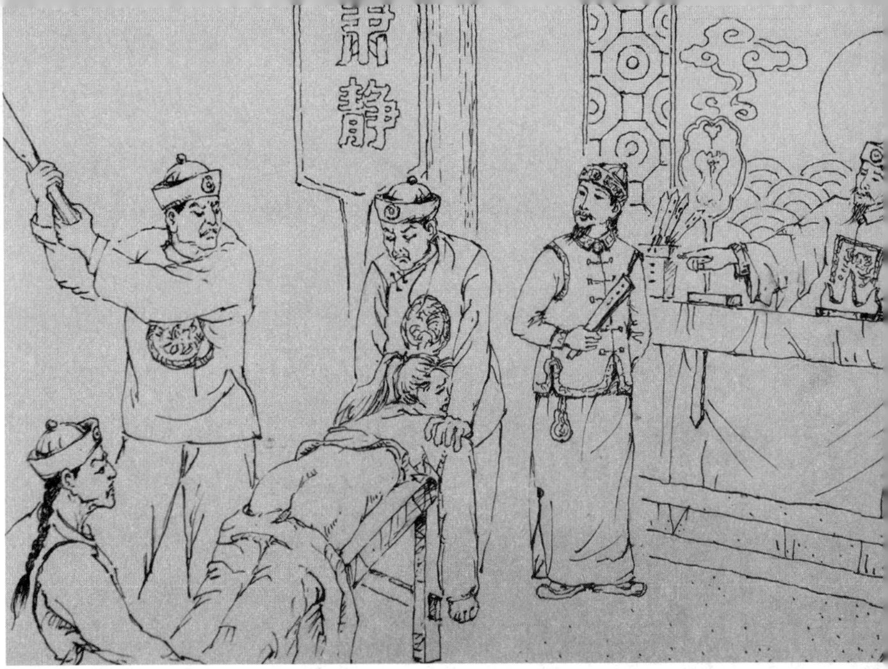

十六 还被二打牛召草

牛召草被打得趴在长凳上，疼痛从屁股直透心脾，所以还是不敢动弹。

马咬耳见状，走上前去将他搀扶，说：“现在已经退堂了，我们也该离开这里了。”

牛召草缓缓地从长凳上起来，扭头狠狠地瞪了马咬耳一眼：“呸！你这是假好心！”

马咬耳没有开言反驳，只是搀扶着牛召草出了衙门的大门口。

北风呼呼地猛吹，阵阵寒气迫人。牛召草被打得头昏眼花，走起路来身子摇摇晃晃的，几乎站不稳。

牛召草摸着被板子打得红肿的屁股，怒责道：“贾老弟，你这个坏家伙，明明是你夺走我的棉被，却反过来诬告我抢你的东西，害得我被打了二十大板，屁股痛得要命。”

“初时我只以为跟你开个玩笑，想不到那个发瘟县官却将这件事情小题大做。这事情毕竟已经过去了，现在我向你赔不是，行吗？”马咬耳狡黠地，“那个昏官要判打你三十大板的时候，我冒着被责罚的风险，出来替你求情，叫他减去二十大板。从这一点来说，你还是应该感谢我的。”

自己的屁股已挨过了二十大板，既成事实，无可挽回。听了马咬耳的花言巧语，牛召草说：“如此说来，你也算是有点良心。”

“但那个昏官的脑袋好像花岗岩一样死硬，只给你减了十大板。”马咬耳叹了口气，“唉，这件事就是我不对，现在向你赔礼道歉就是了。”

“这事就是赔礼道歉那么简单？”牛召草把脚往地面猛地一跺，怒眉吊扯，咬牙切齿，“贾老弟，我现在真的想宰了你。”

“宰了我？杀人是要偿命的。你杀了我也等于杀你自己，”马咬耳戏谑道，“要么这样吧，以一还一，你拿板子在我的屁股打二十大板来泄愤吧。”

牛召草双手往外一摊：“在这衙门大门口，我哪里有板子来打你呢？”

马咬耳把棉被塞还到牛召草手里，带着道歉的口吻说：“这棉被本来就是你的，现在我不要了。”

牛召草并不相信：“刚才你毒如蛇蝎，现在变成了绵羊。你会这么好心？”

马咬耳诚挚地：“物归原主，这样行了吧！”

牛召草抱着棉被，心中愤懑还没有泄尽：“刚才那么多百姓在围观，他们都以为是我抢了你的棉被，我做人从来都是着重名誉，现在我被那昏官判为抢劫犯，名誉也没有了。”

马咬耳低头想了想，说：“不如这样，我替你恢复名誉。”

牛召草不太相信：“你有这个本事？”

马咬耳蛮有把握地：“解铃还须系铃人。刚才那昏官判你犯了抢劫罪，现在当然是要他当众替你恢复名誉啦。”

牛召草“哼”了一声：“那昏官会这样做吗？”

马咬耳提议道：“我们再返回公堂里，由我出面跟那昏官讲清楚，这棉被的事，刚才是我跟你开玩笑的。谁知玩笑开大了。那昏官定然会给你平反，恢复名誉。”

牛召草被打得晕头转向，现在听马咬耳讲得头头是道，点头认同：“这也是。”

于是，马咬耳与牛召草转过身来，快步返回衙门。

马咬耳拿起了摆在衙门大门口的鼓槌，猛敲着大鼓。

“咚”“咚”“咚”的鼓声又震荡着。

知县大老爷正在里堂与姨太太亲热着，听到外面阵阵惊堂鼓声，烦躁地：“唉，刚判完一宗案，又有草民前来生事滋扰，真扫兴！”但公务在身，即使你不情愿也得上堂去办案。

衙差早已将牛召草与马咬耳带到公堂前跪下。

知县大老爷烦躁地来到公堂，坐在太师椅上，低头望去，见又是刚才判案的两人，不满地：“怎么啦？本老爷刚才判了案，你们现在又要来捣乱公堂？”

牛召草还未开腔，马咬耳便抢先叫道：“大老爷，你要替小民做主呀！”

“做主？”知县大老爷没好气地，“刚才本老爷不是已经替你做过主了？把棉被判还给你，将这个无赖打了二十大板。”扬手指着牛召草。

马咬耳指着牛召草：“不错，大老爷刚才明镜高悬，已作出了断案，将棉被判还给我，对此小民我感激涕零。但这个牛召草对此判案不服，说大老爷为人糊里糊涂，乱来判案，是一个昏官。所以一出衙门大门口他就一把抢去了我的棉被。”

牛召草想不到马咬耳进了公堂后马上变脸，还狠狠地再咬自己一口，指着马咬耳，放声辩护道：“这棉被不是我伸手去抢，而是出了衙门的大门口，他主动还给我的。他还说是大老爷判错案哩。”

马咬耳矢口否认：“大老爷判案如神，将棉被判还给我，我怎会说大老爷判错案呢？他是在冤枉草民，诬蔑大老爷。”

知县大老爷本来已经带着一肚子怨气重新升堂，现在听到牛召草这样说，气得碌眼吹须，怒火陡炽：“本老爷历来明镜高悬，判案还准过包青天。你竟然猖狂说我判错案，真是吃了豹子胆。”

牛召草指着放在他面前的那张棉被，大声呼喊：“大老爷，这张棉被的的确确是我的呀！”

知县大老爷见他还在顽抗，怒目圆瞪：“呸，你这刁民，直到现在还死不悔改，定当严惩不贷！”

牛召草不服，仍然大声地叫喊：“我的确是冤枉的呀！”

此时此地，牛召草叫冤枉的结果是适得其反。

“不再给点厉害，你更不知悔改。来人，给他再重打三十大板。”知县大老爷说完把袍袖一拂，离座而去。

衙役们刚刚给牛召草打板子，累得满头大汗，正在休息聊天，以排解心中闷气。现在又要重新上堂来，一看又是刚才惹事的牛召草，十分气恼。如今听到知县大老爷下令，一个个便如狼似虎上前去，将牛召草按在长木凳上，举起板子，狠狠地再给他猛打三十大板。打得牛召草叫爹喊娘，哀号之声不绝。

马咬耳见牛召草被打得皮开肉绽，惨叫声连天，知道这是非之地不宜久留，将那张棉被扔到牛召草的面前，说：“你这张棉被，是非多多，留着它是个祸害，我不要了。”说罢，出了衙门，沿着东街来个脚底抹油——溜了。

牛召草又被重打了三十大板，从县衙出来，想坐在衙门前的大石块上休息，但屁股一坐到石块上就有阵阵疼痛传来，只好站着，用手撑着石块休息，目睹那“贾明”的背影逐渐远去，心想，昨天在船上遇到这个家伙自己真是倒霉透了，自己从来都是施计整蛊别人，想不到这一次竟然会被人算计，心中愤怒至极点却是哑巴吃黄连——苦处自己知。

十七 吃饼三打牛召草

阴冷的天空灰沉沉的，无情的北风扬起街上的灰尘，吹到人的脸颊上有如刀割。

牛召草被这么折腾了半天，此时肚子饿极了，才真正体会到什么叫“饥寒交迫”。他望见东街远处挂着一个“华记小食店”的招牌，想到当务之急是先填饱肚子，休息过后才去找那个马咬耳较量一番，以排解心中的闷气，于是拿起自己的行李，朝着东街的那间小食店脚步蹒跚地走去。

“华记小食店”并不大，里面摆着十多张松木做的四方台和长板凳，此时冷冷清清的，并无顾客。

牛召草挑了靠窗口的四方台坐了下来。

老板娘是一位四十岁左右的人，长得皮肤嫩白，见有人进店，笑口吟吟地朝牛召草迎了上来：“客官，请坐。”随后端上了一壶升腾着袅袅热气的青茶。

牛召草问道：“老板娘，有什么好东西吃？”

老板娘抱歉地："客官，真是不好意思，现在没有好东西可以让你吃。"

"有生意也不想做？"牛召草眨巴着眼睛，问道，"为什么？"

老板娘解释道："你早不来，迟不来，偏偏在这个时候进来我这间店。须知，吃早餐的时间已过了，而吃午饭又未到时候。"

老板娘讲的是事实，牛召草的肚子饿得"咕咕"作响，便说："麻烦你到厨房找一找。我不求味道好不好，只求有东西填饱肚子就行了。"

"既然你的要求并不高，那么我就进厨房找一找吧。" 老板娘言毕，扭着腰肢往厨房去了。

牛召草在长板凳上轻轻地坐了下来，拿起茶壶，往杯子里斟茶，端起来，浅浅地呷了一口，一股热流顺着喉咙流进肚子里，马上觉得全身暖和多了。

没有多久，老板娘从厨房出来了，手中拿出两个油香大饼在牛召草的眼前晃了晃："我在里间搜过，只剩下这两个油香饼。不知道客官嫌弃与否？"

油香饼散发出来的油香直扑鼻孔，十分诱人，牛召草连价钱也顾不上问，伸手一把夺过了油香饼，说："有这么好的东西，我怎会嫌弃呢？"将两个油香饼叠在一起，狂吞大嚼起来。

老板娘见他这副饿相，提醒道："客官，你这样狼吞虎咽，当心噎着呀！"

牛召草大口地咀嚼后，使劲地把嘴巴里的油香饼咽下去，才回答："老板娘，谢谢你的提醒。"

老板娘殷勤地拿起茶壶，给牛召草的茶杯斟茶。

两个大油香饼没有多久就被牛召草全都吃进肚子去了。

老板娘："你觉得我这店做的油香饼怎么样呢？"

在大寒天，牛召草有这么好的东西填下肚子甚觉快慰，抹着嘴角的油渍，满意地拍了拍手掌，再伸出大拇指摇了几下，回答说：“好极了，这油香饼你们炸得酥酥脆脆，入口松化，又有嚼劲，吃后齿颊留香，回味无穷。”

“客官如此夸奖，实令我心花怒放。”老板娘笑靥大开，来个王婆卖瓜——自卖自夸了，“的确，新兴县城，无论大人小孩，都喜欢来我这间华记小食店买油香饼吃的。”

牛召草吃完两个油香饼后，意犹未尽，用手揉了揉肚皮，道：“我昨天夜晚在船上未能睡个安稳觉，外面北风呼呼，寒气透骨，两个油香饼还不够填饱肚子，你能不能给我温热半斤烧酒，让我御御寒气？”

老板娘颔首答允：“这点容易做到。我们新兴的天露酱香酒远近驰名。待我将酒热热给你品尝。”说完快步进了厨房，俄顷，就将托盘捧上，拿起酒壶，给牛召草斟上一杯。

一阵酒香飘逸弥散开来，牛召草急不可待地拿起酒杯，呷了一口，连声称赞：“好酒！好酒！”

就在他俩人谈话之时，有一位长得肥肥胖胖、肚腩大大的中年男人从店外挑着两个大箩筐进来，箩筐里盛着一大摞猪肉和蔬菜等东西。

老板娘指着那肥胖的中年男人，介绍道：“这是我的丈夫。”

肥胖老板有礼貌地朝牛召草点了点头，说：“客官，你先在这里慢慢饮酒，我要进厨房去忙午餐的事了。”

牛召草见肥胖老板挑着两大箩食材进了厨房，又独自拿起酒壶斟着酒，悠闲地自饮自酌。

没有多久，肥胖老板从厨房出来，神色紧张地问老板娘：“阿桂，放在厨房窗口处的那两个油香饼呢？”

老板娘：“那两个油香饼？全吃了。”

肥胖老板一怔，焦急地问：“是我们养的狗吃了？”

老板娘摆着手：“不是狗吃了，而是人吃了。”

肥胖老板的眼瞪得大大的，脸露惊惶之色："老婆，是你吃了？"

老板娘还是摆了摆手："不是我吃了。"

肥胖老板紧张地追问："那么是谁吃了？"

老板娘用手指着牛召草："是他全吃了。"

"啊，那两个油香饼是我全吃了，连同热酒一共多少钱？我马上给你付清。"牛召草以为肥胖老板催他付钱，说话间便往怀里掏钱。

肥胖老板猛地摆手，声音急促地对牛召草说："我不是叫你付钱，而是出大件事了。"

老板娘和牛召草不约而同地盯住肥胖老板，追问："出什么大件事？"

肥胖老板用脚使劲地跺着地面，惊恐地："咳，那两个油香饼我是浸过毒老鼠药，专门用来毒老鼠用的。"

有如头顶突然炸响了轰雷，牛召草听后顿时浑身一震，刚掏出的铜钱"哐啷"一声跌落地面，他的眼睛瞪得如牛眼般大："什么？那两个油香饼浸过毒老鼠的药？！"

肥胖老板点了点头："是呀！"

老板娘埋怨道："阿华，你怎么不早些跟我讲清楚呢？"

"这都怪我一时的疏忽，"肥胖老板用手猛拍自己的脑袋，"阿桂，你也知道，近日厨房老鼠猖獗。我见今天的早餐已卖完，客人全走光了，便将预先留用的油香饼拿起来浸泡毒老鼠的药，放在窗台那边，准备今晚用来毒老鼠。我这才上墟亭去采购做午餐的食材。"

老板娘板起脸，大声骂道："既然那两个油香饼浸泡了毒老鼠的药，你出门前应该告诉我知道呀！"

肥胖老板解释："匆忙之间忘记将油香饼浸毒药这件事告诉你知，是我不对。想不到你竟然将那两个有毒的油香饼让这位客人全吃了。"

老板娘厉声大骂："呸！你这个肥佬现在解释太迟了。"

牛召草在一旁听着肥胖老板两夫妻的对话，这才知道自己误食了毒老鼠的食物，吓得魂飞魄散，全身发抖，喃喃地：“那么，现在我该怎么办？我该怎么办？”

“怎么办？”肥胖老板搔过脑瓜后，问老板娘，“阿桂，等会儿这位顾客就会死在我们店里，官府到来就会说我们用毒药毒死了客人。你说现在该怎么办呢？”

老板娘向牛召草道：“客官，那油香饼和热酒的钱我就不收了。你最好现在就离开我们这间店，有多远时去多远。”言罢扬手指往外面。

此时的牛召草像被推上刑场般吓得双脚发软，哪里还能行走得了？！他坐在长凳上，用手按着面前的那张四方松木台，才不致瘫倒在地，眼睛流露出绝望的神色，哀求道：“大哥，大嫂，你们想想办法，救救我呀！”

“救救你？这……这……”肥胖老板与老板娘面面相觑了一会儿，对牛召草说，“这样吧，我到街尾的山草药铺买一些泻药回来，在我这店里煲给你喝，或许能够将你吃进去的毒药屙出来。”说完就举步想出店去。

“等等，”老板娘把肥胖老板叫住，“你现在去街尾买泻药，然后取回来我们店里面煲，前后需要一个多时辰。要等这么长的时间，我怕你买回来的药还未煲滚，这位客人已毒发身亡，死在我们店里面了。”说着指了指呆坐在板凳上的牛召草。

牛召草听着他俩的对话，心里痛得一阵阵抽搐，好像吃进肚子里的毒药正在发作一样，说道：“这位大嫂说得对，这件事宜快不宜迟。”

“有办法了。”肥胖老板伸手指向牛召草的嘴巴，说，“你最好将吃进肚子里的那些毒饼全部吐出来。”

牛召草无奈地说：“我一直都想将那些油香饼吐出来，但总是吐不出呀！”

老板娘做着示范手势：“你用手指抠挖自己喉咙，看能不能将刚才那些毒物呕吐出来吧。”

牛召草脸色由涨红变得惨白，又由惨白变得紫色，他试图用手指抠自己的喉咙把东西呕吐出来，但他太紧张了，肌肉已绷得紧实，抠了几下不但没能呕吐出东西，反而上下交合的牙齿把他的手指咬得发痛，苦着脸：“唉，这个方法不行。”

肥胖老板：“还有一个方法，喝溲水可以催呕吐。”

牛召草：“那么，你快带我进厨房喝溲水吧。”

“好的。”肥胖老板带着牛召草进入厨房，来到溲水桶前，一阵酸馊臭的气味钻鼻而来。

牛召草顾不得那么多了，迫不及待拿起大碗，往溲水桶里舀了一大碗溲水，仰头“咕咚”“咕咚”地喝了起来。

牛召草喝得肚子鼓了起来，虽然不断地打嗑，喷出难闻的臭气，但仍不能将肚里的东西呕吐出来。

老板娘丧气地：“这不行来那也不行，现在该怎么办呢？”

肥胖老板搓着手掌，焦躁地来回踱步，好一会，道：“哟，我想到我们乡下有一种解救的土办法了。”

到了绝望境地的牛召草催促道：“有什么解救的土办法呢？”

肥胖老板指牛召草，说：“我只是怕你受苦忍受不了。”

天下间有什么比保命还要重要的呢？！牛召草有决心地：“为了活命，如今我什么的苦都可以忍受得了。”

肥胖老板问牛召草道：“你该知道，毒饼是经过你的嘴巴吃进肚子里的，现在要将毒吐全出来，那又就只能经过你的嘴巴了，所以要将你的双脚绑住，把你整个人头向地、脚朝天倒吊挂起来，然后用板子击打你的肚子和背部，让那些已经吃进肚子的毒饼从你的嘴巴处倒流出来。”

“行、行、行，”牛召草催促着肥胖老板，“你们快点儿绑住我，将我倒栽葱般吊起来，打我的肚子和背部吧。”

肥胖老板问道：“你怕不怕痛？”

“不怕、不怕，你们快点动手吧，迟了就不好办了。”见肥胖老板还不动手，牛召草为了活命，早已抛掉了一向的骄矜，跪在地上向肥胖老板连叩三个响头，恳求道，“你快动手吊起我来打吧。”索性先自躺在地面上，并拢了双脚。

“既然你如此急切，那么我们就动手了，”肥胖老板言罢，进里间拿来了绳索，先将牛召草的脚绑住，把绳索的另一端抛到二楼的栏杆处，然后和老板娘一起，用力地拉扯，这么一来，牛召草就变成了脑袋向地脚朝天的了。

肥胖老板拿起了板子，道：“客官，你且忍着，我来打了。”

牛召草被倒吊着，血往头部直冲，使他的脸庞憋得通红，那颜色就像猴子的屁股一样，为了活命，他只好强忍着难受，叫道：“好的，你快打吧。”

老板拿起了板子，先朝牛召草的肚子拍打了几下，然后转往他的背后又打。

这肥胖老板拿板子打过来下手并不重，所以打了十多板，牛召草并不觉得十分疼痛，但整个人倒悬吊挂起来，全身的血液直往下冲，这可叫牛召草头昏脑涨，难受极了。经过肥胖老板的一轮拍打，从牛召草张大的嘴巴里确实倒流出不少刚吃下的油香饼和酒液。

“行了。”老板娘叫了一声后，与肥胖老板将拉紧的绳索慢慢地放了下来。

牛召草仰躺在地面似丧家狗一样猛喘大气，衣服沾满了刚吐出来的肮脏废物。

就在这个时候，有一个人从门外走进这小食店里来。

牛召草抬眼望去，不由自主地叫了一声：“啊，是你？！”

肥胖老板向牛召草：“怎么啦？你认识他？”

牛召草愤愤地："认识，他叫贾明，烧成灰我也认识他。就是就个贾明，夺了我的棉被，今天早上在县衙门公堂里又害得我的屁股挨了几十大板。"

马咬耳向肥胖老板问道："肥佬华，我吩咐你做的这件事情搞妥了？"

肥胖老板指着似死猪般躺在地面的牛召草，回答说："你看他，全都搞妥了。"

牛召草是一个精灵的人，听出了他们两人对话的弦外之音，头脑灵光一闪，马上醒悟到什么，不由得倒抽了几口冷气道："啊，原来你们是认识的，合计来害我。"

"牛召草，你不是说要来新兴县教训教训马咬耳吗？现在不怕向你照实讲了，'贾明'是我在船上向你报的假名。我就是你要前来教训的马咬耳！"马咬耳用手指着自己的胸膛。

牛召草听到此言，整个人都懵了："怎么，你就是马咬耳？"

马咬耳笑着说："你说我哪一点不像呢？"

肥胖老板指着马咬耳插上话来，大声地："是呀，这位就是如假包换的马咬耳。"

牛召草叱责道："你这个人真是蛇蝎心肠，竟然想用毒药来毒死我！"

马咬耳听后，朝天"哈哈"大笑起来，说："牛召草，你大可以放心，那两个油香饼并没有浸过毒老鼠的药。"

牛召草听后，仿佛从快到黄泉的奈何桥突然回头返到阳间，一直绷紧的心弦这下子才完全松弛，松了口大气："这……这……"

肥胖老板笑着说："是呀，是马咬耳叫我们用这样的方法来惩治你的。"

牛召草向马咬耳骂道："你这样折腾我实在太过分了。"

肥胖老板向牛召草说："不过马咬耳做事还是有一条底线，吩咐我在吊着打你的肚子时不要太用力，只是象征性地打板子就行了。"

牛召草回想起刚才挨打的情形，这肥胖老板下手的确不重，便说："如此听来，马咬耳你还算手下留情，积了些阴德。"

"我知道自己这一回做得确实过分了些，但这只不过是想以其人之道还治其人之身而已。身为状师，本该惩恶扬善，秉持正义；但你平日却趋炎附势，自恃小聪明，颠倒黑白，助纣为虐，将平民百姓害得苦不堪言。《朱子家训》有云：德不配位必有余殃。你今回终于得到了报应，害人终会害自己呀！"

今天的遭遇，使牛召草从心底里认识到一山还有一山高，强中自有强中手，自叹了一口长气："唉！"

"我以前也有不少恶习，但近年改了不少。恃才不可傲物，仗势不可欺人。我希望你今后不要狂妄自大，昧着良心，不然就会吃大亏的。如果你这次到新兴县来还要跟我较量，我定然奉陪到底；如果你就此收手，今天就可以在东门桥头码头乘船回去。"马咬耳从怀里掏出一张船票，递给牛召草。

牛召草并没有伸手去接船票，只是瞪着眼睛望着马咬耳，脸上泛起惭愧之色。

马咬耳见他这副神态，说："牛召草，如果你想跟我交朋友，那么我免费招待你食住三天，还可以带你这位贵客去游览一下国恩寺与天露山。"

原来，马咬耳与牛召草在衙门公堂打了两场官司，离开县衙门，出到大街，只见得北风呼啸，天寒地冻，自己的肚子已饿得打鼓，十分难受。有道是：人同此心。马咬耳推测牛召草也会循着东街去找小食店吃东西填肚子，就快步来到"华记小食店"，给肥胖老板夫妇俩定下这个计策。肥胖老板夫妇知道来者牛召草是个精明人，所以格外留心，将戏演得十分投入。

有道是，明枪易挡，暗箭难防。又冷又饿的牛召草急于找食物填饱肚子，怎会想到马咬耳会在这小食店导演这么一场闹剧让他再度受苦呢？！

为什么肥胖老板夫妇会如此配合马咬耳呢？

这肥胖老板名叫梁德华，小时候人称肥仔华。诸位，你们还记得吗？肥仔华与马咬耳同是沙村奕祥坊人，并且是友好邻居，小时候一起背着书包到大南河对岸的塱村上学放学，平日又常常在一起玩耍嬉戏。那一年春天，李掌教带着一群男女小学生去郊游踏青，就是他们这两个调皮鬼用头发撩鼻孔的小伎俩，害得跟着他俩后面走的那个小女孩苏月桂误听误信，也用头发撩鼻孔，竟然将一直忍着的尿撒了出来，这成了日后在历届学生流传下来的笑话闲资。

肥仔华长大成人后，不愿意在乡间耕田种地，他父母亲就将历来积攒下来的钱给他做本，在县城开了这间“华记小食店”。肥仔华自知在县城立足不易，做生意货真价实，生活过得虽然不富裕但却是两餐无忧。

世事弄人，那个曾被马咬耳与肥仔华联手戏弄过的小女孩苏月桂长大后竟然嫁给了肥仔华，成了这间“华记小食店”的老板娘。

十八

逞威广州十三行

发源于云贵高原的珠江，滚滚而来的江水，带着它的文化与商机，奔流千里，汇入大海，直通世界各地。

位于珠江边上的广州十三行，创立于康熙盛世。在清政府闭关自守的政策下，这特许经营对外贸易的专业商行，誉满寰宇，成了当时中国唯一幸存的海上丝绸之路发端。

珠水滔滔，江面上船桅如织，不少竖立粗大烟囱、喷着黑烟的西洋轮船在这里聚集。皆因这里拥有通往欧洲、拉美、南亚、东洋和大洋洲的环球贸易航线。“洋船泊靠，商贾云集，殷实富庶”，这是清朝皇帝眼中的广州十三行。

广州十三行一带有5000多家店铺，专营纺织、漆器、银器、陶瓷、绘画、雕刻等外销商品，约有25万匠人专门为这些外销工艺品进行生产和制作。在十三行繁华的街道上车水马龙，游人如鲫。鳞次栉比的店铺门前的招牌噱头做足，争奇斗艳：生昌洋货疋头、名港洋货疋头、永泰各国疋头、谦泰洋货疋头……店铺里挤满了金发碧眼或皮肤炭黑的外国人，来自世界各地的“洋商”登岸与十三行的“行商”在讨价还价。他们在这里购回中国的特产，运回西方；又将西半球各种各样的奇器异物带进中国。这些精美的舶来品，许多成了远在天涯紫禁城内皇帝与妃子们的至爱。因此，广州十三行就有“金山珠海，天子南库”的美誉。

两广总督、广东巡抚和粤海关监督每年要根据宫廷的要求来十三行“采办官物”，向皇宫进贡钟表、象牙、珐琅、鼻烟壶、紫檀、玻璃器皿、金银器具、高档毛织品等珍奇洋货，广州十三行成了那些官员靠此进贡而升官晋爵的要地。

北京城今年天气奇冷，初冬时节已经大雪纷飞，北京紫禁城内呵气成冰。太和殿外的大铜缸盛的水凝结了一层厚厚的冰。

新年的脚步越来越近，道光皇帝听他的洋人师傅说外国的羊绒是毛织品中的保暖极品，既轻便又保暖，堪似火袍，世间产量稀少，十分珍贵。羊绒就是山羊绒。在西洋人的交易中羊绒以克论价，被人们称为“纤维宝石”，东瀛人则称它为“软黄金”。

道光皇帝爱新觉罗·旻宁历来喜欢舶来品，于是一道圣旨下来，下令两广总督卢坤为宫廷采购一大批优质羊绒，供他和妃子以及朝廷权臣做新衣所用。

卢坤（1772—1835），字静之，号厚山，顺天府涿州（今河北省涿州市）人，历任朝廷要职。他调任两广总督时已入垂老暮年，知此事任重如天：如果办得好，升官有望；如果稍有差池，不但官职难保，还会招致满门抄斩的大难，所以马上派人将十三行的首富——“怡和行”的伍秉鉴招进总督府，下达了要他向洋商采购价值五万两白银的优质羊绒的指令，当面陈述了其中的利害关系。

伍秉鉴精明过人，于嘉庆十八年（1813年）担任十三行行首，长期跟洋商打交道，长袖善舞，能财善贾。

伍秉鉴带着他的助理董事徐天复来到沙面那四水环绕、花木掩映的夷馆，这里是供外国人生活与做生意的地方。英国东印度洋行就坐落在这里。

守门人是皮肤黝黑、盘着粗大头巾的印度人辛格，见来者是“怡和行”的董事长伍秉鉴，便带着伍秉鉴径直入内面见公司的总经理威尔逊。

威尔逊平日与“怡和行”打交道，做生意，都是伍秉鉴的下属来与他对接的。今天见伍秉鉴亲自到来，威尔逊知道事情重大，连忙问道：“今天吹的是什么风，要伍先生亲自驾临敝公司？”

心情焦急的伍秉鉴并不多作寒暄，道：“无事不登三宝殿，今天到来，当然是大事啦！”

“有何大事？”威尔逊手拍胸口，朗声保证，“只要我办得到的，马上照办。”

伍秉鉴提出要他迅速采购一批优质羊绒到埠，声明这些羊绒是直接进贡给皇上、后妃和朝中大臣使用的，质量要绝对保证，并可先交货款的三分之一即一万七千两白银作为订金。

威尔逊来到中国经商已有二十多年，能讲一口流利的中国话，在广州十三行与行商们混得烂熟，今听到伍秉鉴要求他帮忙采购羊绒，满口答应，说自己在欧罗巴就开设了一家专门经营羊绒的分公司。

半个月后，威尔逊告诉伍秉鉴：“你们采购的那批羊绒已经到埠，货船现在停泊在珠江的白鹅潭。”

伍秉鉴听到这消息大喜之后又是大忧。喜的是，能够替两广总督办成这件差事。忧的是，十三行内识得鉴定羊绒质量优劣的老行家程伯仲先生十天前不幸得暴病去世。这些年来，羊绒在十三行的交易中是异常罕见的珍稀物品，一时之间找不到识得好坏的鉴定师。如果将那些质量残次的羊绒作为珍品进贡上京城，被道光皇帝察觉定会龙颜大怒，自己与总督就会遭无妄之灾。

伍秉鉴在百般无奈之际，找来了他的助理董事徐天复，因为几年前有位客户曾经进口过少量的羊绒，当年就是他曾经陪同程伯仲老先生前去质检的。

徐天复对羊绒的质检只是一知半解，但在无人可顶的情况下只好硬着头皮上阵。按双方合同的约定，伍秉鉴要再交货款的三分之一即一万七千两白银方能进行验货。

在威尔逊的陪同下，徐天复来到停泊在白鹅潭的英国商船上，进了货舱，面对着有如小山般的羊绒货料仔细察看，觉得这些货料的光泽跟以前所见的羊绒相距甚远，便判断说："这些羊绒并非合同所指的优质品，我们这方面拒收。"

但是威尔逊的英国东印度洋行羊绒鉴定师查理欺负徐天复这方面的知识不够，一口咬定这就是合同约定的优质货。

双方在船上面红耳赤地争吵起来。

徐天复声言要跟威尔逊他们打官司。

威尔逊并不退让，尖尖的鼻子朝上一耸，说："我有特许的外交豁免权，若然要打官司，我们可以奉陪到底，但要到英国伦敦的法院去打。"

徐天复回到"怡和行"，向伍秉鉴讲明这情况。

伍秉鉴知道事情重大，马上带着徐天复前往两广总督府汇报。

徐天复诉说："我凭直观感觉，那船羊绒缺乏真正羊绒的光泽，肯定不是优质品，但我知其然而不知其所以然，在这方面的知识有限，不能再指出其要害之处来。"

卢坤向伍秉鉴征求意见："你常跟洋人打交道，此官司该如何解决？"

伍秉鉴分析道："如果去英国伦敦打官司，那边的法院肯定要护着他们的。况且乘船来回需要几个月的时间，将羊绒进贡皇上是有期限的，那个狡猾的威尔逊就是冲这一点来要挟我们的。”

专管法治的按察使韦兆权脸色沉重：“这是一场国际官司，一旦通天，惊动了皇上，官司又输了，我们这群人都将会成为覆巢之卵。”

卢坤动怒地：“那个威尔逊再要无赖，本督就派人将他的公司封了，把他人也抓起来！”

“这个也行不通，行不通！”韦兆权连连摆手，“威尔逊有特许的外交豁免权。按《国际外交法》我们是不能强行将他抓起来的。何况即使抓了他，那些羊绒也无法依时给皇上进贡呀！”

两广总督卢坤觉得此事非常棘手，脸色惨白，声音发抖：“皇命不可违呀！如果逾期未能将优质羊绒送往京城，冬天一过，皇上定然雷霆大怒，我们全都难逃罪责。倘若将残次品送进皇宫，一旦被皇上发现，我们将获欺君之罪，后果不堪设想。”

一时间，众人不知该如何对待这个英国无赖。

伍秉鉴为难地：“我们广东地处南方，很少人会使用那昂贵的羊绒的，可惜程伯仲老先生离世而去，要在短期找到内行的鉴定师，真比登天还难呀！”

卢坤对伍秉鉴下令道：“无论如何，你要想一个周全之策。”

伍秉鉴和两广总督卢坤一样，碰头后那两天两夜都是焦虑不安、夜不能眠。

就在伍秉鉴惊惶失措之时，“怡和行”的专职律师姚振贵告诉他：昨晚曾跟一位名叫李华章的状师喝茶聊天，得知李状师有位老乡曾经去过塞北，回来时带回来一件羊绒衣服，听说他懂得一些鉴定羊绒的知识。

伍秉鉴大喜过望，连忙将马咬耳和李华章请到他的商行，坦诚将遇到的困局向他们告知，希望马咬耳能够从中帮忙，并声言事成后会有重赏。

马咬耳回答说：“我的确在塞北的伊克昭盟住过一段时间，也曾跟那里的蒙古人学过一些鉴定羊绒质量优劣的方法，既然此事干系重大，我就尽力而为吧。”

当日，伍秉鉴与徐天复带着马咬耳和李华章来到十三行商馆内的天主教堂里。

教堂中间，正中摆放着耶稣被钉在十字架上的圣像。

与马咬耳会面的洋商正是英国东印度洋行的总经理威尔逊。

威尔逊已年过半百，长得个子高瘦，皮肤白皙，头发金黄，鼻梁高高，眉骨高耸，深陷的眼窝里那天蓝色的眼珠闪烁着诡异的芒彩。他身穿一身雪白的西装，系着一条浅蓝色的斜纹领带，脚下是锃亮的黑色麂皮鞋，嘴巴叼着一根古巴雪茄，一副傲然的样子。

阳光透过教堂的彩色玻璃射进大堂，地面倒映着五彩斑斓的光影，为这教堂增添了神秘的色彩。

威尔逊正与一位西洋神父谈着什么，见伍秉鉴率一行人到来，便往里间指了指，神父点了点头，退到里间去了。

俄顷，一位穿着黑袍的中年修女拿着镶银的珐琅彩托盘来到众人面前，盘上盛着的是热气腾腾的咖啡。

威尔逊指着盘中的咖啡，热情地向伍秉鉴说：“伍先生，这是新到的摩卡咖啡，你们都来尝一尝。”

此时的伍秉鉴哪里有心情喝咖啡，开门见山问：“威尔逊先生，我要再检验一下我们合同所订的那批羊绒。”

威尔逊：“你们海关专门检验针织品的程伯仲老先生十多天前不是突发重病见上帝去了吗？”

“是的，程老先生不幸驾鹤西去，我亦深感悲痛，”伍秉鉴脸色凝重，“但我现在又找到验货师了。”

威尔逊感到意外，追问道：“谁？”

伍秉鉴指着身旁的马咬耳介绍道：“这位是我特聘来的鉴定师马咬耳先生，这是他的助理李华章先生。”

威尔逊拿起杯子，浅浅地呷了一口咖啡，打量着马咬耳，见他年过半百，其貌不扬，轻蔑地说："羊绒是世间珍稀之物，鉴定它的优劣需要高深的学问，你懂得羊绒吗？"

马咬耳回答得极为简要："略懂一二。"

"威尔逊先生，五万两白银的货款我两次共交了三万多两。如果你这批羊绒经过检验，符合我们所订合同的要求，我就将余款再交付与你。"伍秉鉴当场作了许诺，转向马咬耳和李华章道："验货的事就全都倚仗你们了。"

马咬耳："你放心吧，我会尽力的。"

"好的，你们随我来，"威尔逊叫来了他的质检师查理，再把手挥了挥，带着马咬耳、李华章和徐天复出了教堂，步行来到珠江白鹅潭边，乘驳船来到停泊在珠江中央的美国商船"渥巴希号"下面，再爬着舷梯 一同登上了大商船，进入货舱。

马咬耳放眼望去，货舱的四周堆满着一匹匹五颜六色的羊绒布料，琳琅满目，好像小山堆一样。

威尔逊举手向四周划了一圈："喏，这些就是你们所订的羊绒货料。"

马咬耳走到船舱里的一隅，从架上取下了一匹紫色的羊绒货料，摊了开来，用手紧捏着货料，又将紧捏货料的手慢慢放开，仔细察看：那些货料很久还未能弹松开恢复原来的样子。

李华章知道近年来马咬耳处事沉稳，所以没有开腔发问。

徐天复却按捺不住，拉了拉马咬耳的衣角，问道："这些货怎么啦？"

马咬耳没有马上作答，双手用力将那些货料拉了拉，眉头皱了起来。

威尔逊与查理在旁见马咬耳这些熟络的动作与沉思的表情，心中自然明白了几分。

"你放心，我这批羊绒货料是刚刚从欧罗巴那边的产地运到的，质量肯定是上乘的。"威尔逊堆着笑脸，"我们不妨到二楼的货舱去看看。"

在爬上二楼的船舱，刚转入货舱的门口后，威尔逊见其他人都落在后面，即把嘴巴贴近马咬耳的耳朵，小声地说：“先生，只要你肯放这船货过关，暗地里给你三千两白银，怎么样？”见马咬耳没有回答，又继续说，“要么，你来开个高价，鄙人照付。”

见对方出利诱这一招，马咬耳狠狠瞪了他一眼，回答道：“君子爱财，取之有道。我不需要那些沾了脏气的钱！”

众人跟着随后进了里舱。

马咬耳对着堆放在左边的羊绒货料定睛细看，又到船舱的右边对那些羊绒仔细观察一番，用手在那匹物料中抽出了一根毛来，伸手向随行而来的李华章道：“华章，拿剪刀来。”

“好的。”李华章从斜挎着的布袋里掏出剪刀来，递给马咬耳。

马咬耳将那根细毛剪断，把剪刀递还给李华章。

马咬耳再伸出了手：“拿放大镜来。”

李华章又从布袋里掏出一个几十倍的放大镜，递给马咬耳。

马咬耳接过放大镜，对着那根毛的断面反复地察看。

此时，徐天复又在催促着：“这些羊绒质量怎样？”

威尔逊插嘴进来：“按你们中国话来说，我们这些羊绒当然是湿水棉花——无得弹啦！”

英国方面的质检师查理见马咬耳这一连串的动作，没有哼声，但脸色马上变得难看多了。

马咬耳眼睛凝定，蹙眉思索了片刻，道：“威尔逊先生，你这批货并非纯羊绒，而是混杂了羊毛呀！”

“我们英国东印度商行做买卖向来都是货真价实，你不要信口雌黄，损了我们洋行的名誉。”威尔逊强撑着。

“我说的是大实话。”马咬耳提高了声调，“羊绒比普通的羊毛细，摸上去有种丝滑的感觉，相当舒适。羊绒的绒毛感很强，柔韧性极好，用手抓握羊绒，有一种嫩滑弹性之感。用手捏紧再松开，就能够很快恢复原状，难以起皱。”

这是马咬耳当年到塞北伊克昭盟时，巴图额尔教他鉴定羊绒质量优劣的方法之一。

威尔逊反质道：“我看你这是先入为主吧。”

“我在塞北时听行家讲过，羊毛有髓质，是实心的；而羊绒是无髓质，空心的。而现在抽检这船的货料，其细毛断口在放大镜下清晰可见是实心的。所以我说它们起码是羊绒与羊毛的混合物。”马咬耳将放大镜和细毛的断口放到查理的眼前，口气铁定地说，“查理先生，你不妨自己核对一下，看我所讲的是否属实。”

查理透过放大镜看过后，神色颓然，用英语“叽里咕噜”地跟威尔逊讲了什么。

威尔逊从查理的嘴巴中知道这次已被马咬耳抓住了“痛脚”，遇到了生意场上真正的对手。但他在中外的商海里打滚了二十多年，是一个老奸巨猾的行家里手，仍然心有不甘，在“死鸡撑硬脚”：“我这些羊绒是在土耳其那边精挑细选的上等货。”

查理指着右边舱的那些货料，也随之硬撑着：“我们这些货料确实是优质的羊绒呀！”

马咬耳并不退缩，马上进行反击：“这边舱确实有小部分的羊绒，但它们缺乏拉力，毛绒缺乏油润的光泽而呈现枯燥，无拉力，有些地方还沾有黄色的痢皮，这是‘癞绒’，其原料是从长了疥疮、患了癞病的羊体上取下来的下等绒。你敢说不是吗？”

查理被驳得支吾起来：“我……”

威尔逊见这位中国“鉴定师”讲得头头是道，耍赖道：“你们中国人常说，十只手指有长短，那么一大舱的货料，出现一些瑕疵是避免不了的。马咬耳先生，你这是在鸡蛋里面挑骨头吧。”

“不，我是实事求是，”马咬耳随即指向左边的船舱，说，“刚才我细心察看过，那边的货料夹有黑麸皮、纤维短的‘黑皮绒’和失去拉力与光泽的霉变绒。这是由于早期保管不善，羊绒受潮湿没有及时风干引起发热而导致发霉变质。”

面对着铁一般的事实，听着对方鞭辟入里的分析，威尔逊用英语跟查理“叽里咕噜”交谈了一下，知道马咬耳已经将自己的遮羞布彻底掀开了，如今只能找托词来狡辩：“可能是欧罗巴那边连天下雨，日照时间不够，导致羊绒干透度不够而引致物料质量出问题吧。”

马咬耳乘势而上：“优质的羊绒具有天然光泽，手感柔软丰润，软、轻、暖、滑、富有弹性几大特点。威尔逊先生，你这批货是劣质羊绒与羊毛的混合物，都是残次品呀！”

威尔逊想不到这个中国人竟然对验收羊绒如此内行，一时间张口结舌，不知用何措辞来反驳对方：“这……这……”

徐天复从提包里取出合同，在威尔逊面前抖了抖，道：“按照我们怡和行和你们英国东印度洋行双方所订合同的约定，如果你们方不及时将优质羊绒交付我们，就要退还我方先前已交的三万多两白银，还要对你们处以五万两白银的罚款。”

威尔逊张口结舌：“这……这……”

马咬耳的话语藏有利锋：“商场有如战场，但经商以德信为本，买卖以礼当先，因图小利而失大局，孰轻孰重，敬请威尔逊先生还是掂量掂量吧。”

徐天复目光如剑，严词指责：“威尔逊先生，为了些许利润，你们这批羊绒以次充好，还混有低廉的羊毛。如果就这样送上京城，进贡给皇上，必定引起龙庭大怒，我们这里的官员与行商便会获欺君之罪，大有灭族之灾。威尔逊先生，你们英国东印度洋行亦因此而威信扫地。你这个总经理也将受到牵连，你们公司董事会或许会把你当作替罪羊来抛弃。这值得吗？”

机关算尽太聪明，骗局已被人当面识破，其中的利害关系非同小可。威尔逊天蓝色的眼睛顿时失去了芒彩，向徐天复说："可能是我们欧罗巴公司那边发货有些疏漏，导致这批羊绒未达到你们的要求。如果你们不想要这一船的货，这个没关系。"

徐天复展开了攻势："皇上要这批羊绒是有个期限的，你总不能等开春后天气转暖才说有货到埠吧。须知，我们双方签订这买卖是一宗大合同，是事关国际信誉的。"

"徐先生，这个你绝对放心。"威尔逊知道已是无路再退了，这才亮出了他的底牌，"我今天早上听助理汇报说，我们洋行还有一船羊绒货料刚刚运到，保证你们满意。"

徐天复："货在哪里？"

威尔逊扬手指向白鹅潭东边的另一艘大商船："在那艘'维多利亚'号大商船上，不信，现在我就带你们到那艘船上去走一趟。"

徐天复捏着下巴想了一下，明白了其中的原因：老奸巨猾的威尔逊早就做好了两手准备，如果这一船以次充好的羊绒货料过了关，那么，"维多利亚"号大商船上的优质羊绒以后就可以卖一个更高的价钱。如果过不了关，就只能依照合同出货了。无良奸商就是这样不择手段来获取暴利的。

徐天复向威尔逊道："那么，我们到那艘'维多利亚'号大商船去验货吧。"

威尔逊："好的。"

马咬耳一行人跟随威尔逊从舷梯下了"渥巴希号"商船下，转乘驳船来到"维多利亚"号商船上，进入船舱，果然又见到堆积如山的一匹匹羊绒。

经过马咬耳仔细而反复的检验，认证了"维多利亚"号商船上装的羊绒确实是优质羊绒。

伍秉鉴听徐天复将两次上船验货的全过程汇报后，一直悬在心中的大石头才放了下来，紧绷的脸庞才舒展开来，当场吩咐他的管家："你去银库取三千两白银打赏给这位马咬耳先生。"

马咬耳摆了摆手，道："伍先生，我只不过替你在验收羊绒这件事把把关而已，值不了那么多的钱。"

据史料记载：道光十四年（1834年）广州十三行的行商伍秉鉴家产已达二千六百万两白银之巨，堪称当时的世界首富。伍秉鉴拿出三千两白银作打赏，这只不过是在大水牛身上拔一根毛而已。

伍秉鉴见马咬耳推辞，认真地说："马咬耳先生，话可不能这样说。这次你可是为皇上与紫禁城做了一件大好事呀！须知，如果这次把关不严，将那些残次的羊绒当作珍品进贡到京城，一旦被皇上察觉，我和总督大人便要获欺君的弥天大罪，不但要倾家荡产，而且还会株连九族。此事如今能够取得如此完美的结局，你算得上是我伍某人和总督大人的救命恩人呀！"

马咬耳仍然是那么谦和："伍先生你言重了，我所做的不过是举手之劳罢了。"

伍秉鉴督促他的管家："你还不去银库取三千两白银给马咬耳先生？！"

"好！"管家应声后到银库那边去了。

伍秉鉴盛意拳拳，他的管家效率奇高，三千两白银的银票当天下午就到了马咬耳的手上。

"这么一大笔钱用来干什么好呢？"各种念头在马咬耳的脑海里回旋，安居才能乐业，马咬耳想到自己老家的房子已经破旧，遇到暴雨时还会漏水，还有，村里缺乏一个好的学堂。几经思量，马咬耳最后决定拿这笔钱回家乡起大屋。

马咬耳就是这么一个决定，以后新兴太平镇上沙村奕祥坊就有"马咬耳起九座大屋"的故事了。

十九 择地建起九座屋

马咬耳要挑选一个地方给自己兴建一座大宅院，便去找一位德高望重的风水大师帮忙择地。经朋友介绍，他慕名往新兴县城西面的元妙观。

元妙观始建于唐开元年间，初时名叫开元观，自明代以后改名为元妙观，是新兴县最大的道观。

元妙观青砖瓦顶，门前两旁花岗岩石柱镌刻着对联分别是："富而可求求人莫如求己，物惟其有有德自应有财。"灰白色方形花岗岩石柱涂上蓝色的字分外醒目。

此时的观主是年近古稀的玄真道长，身材高瘦，脸颊略长，眉毛不浓不疏，两眼精光闪烁。他束发盘髻，顶髻用玉簪别住，身穿一套青蓝色的道袍，脚下是黑色平底布鞋。

玄真道长是西江流域有名的堪舆高手，对《周易》研究颇有造诣。

马咬耳也精读过《周易》，知道中国古代《周易》蕴藏着深奥的信息密码，尤其是对易理与象数、堪舆之术的理解与阐述。

马咬耳向守门的道童说明来意，跟随他进入元妙观，穿过嫩竹修篁、苍松翠柏的庭园，来到大堂，拜会了玄真道长后，有心试试对方有无真才实学，寒暄过后，问道："请教道长，何为堪舆之道？"

玄真道长随口而答："堪舆学起源于先秦，成形于唐宋，盛于明清。东汉许慎曰，'堪，天道也；舆，地道也'。故堪舆是研究天地之道。"

马咬耳："天地之道又如何阐述呢？"

玄真道长一展谈锋："作为堪舆大师，日察山川形胜，夜观星象变化，所以要通晓天文地理，上应天星二十八宿，下察地脉七十二龙。吉凶藏于八卦，祸福寓于干支。凡门祚之兴废，子孙之盛衰，都受风水的影响。孔子有曰，'为人子者，不能不识地理，亦不能不识医理'。"

马咬耳与玄真道长经过一番交谈后，觉得对方并非浪得虚名，便讲出来意："我此次前来拜访道长，是想寻找一个风水宝地，为自己建一所大宅。"

"好，"玄真道长点头应允，"昨天老子先师诞期刚过，我难得有此空闲。"

于是，玄真道长带着马咬耳在新兴县城四周兜兜转转，巡走了好几天，最后还是回到沙村来。

两人站在奕祥坊的一个高墩上，春风从对岸吹了过来，掠过大南河，穿过鱼塘，拂在人的脸上，令人觉得心旷神怡。

玄真道长解下腰间系着的黑色布袋，从中取出一副罗盘，左右手摆弄转动了一番，叫道："哟，这块是难得的福气升腾的风水宝地！"

马咬耳："请道长明示。"

玄真道长将罗盘放回布袋里，扬手指着："东南方向是相思山，南边远处是巍巍入云的天露山，它孕育着东方三大圣人之一的禅宗六祖惠能。"

马咬耳："是呀，六祖惠能可比肩于儒教的孔子、我们道教先祖的老子。作为他家乡之人，我自当引以为豪。"

玄真道长："天露山那里山高林密，百花盛开，水源充沛，乃新兴的新兴江、恩平的牛江、开平的潭江这三江的发源地。"

马咬耳："您说的也是。"

玄真道长继续说："天露山是中国大龙脉的尽头龙，在新兴县派生出左中右三条支脉有如三龙出海。"

马咬耳："哪三条龙？"

玄真道长指指点点，一副挥斥方遒的样子："右边有一条龙脉，直抵天堂、阳春那边，主要出大官与大老板，但数量相对少些。"

马咬耳："左边那条龙脉呢？"

玄真道长："左边那条龙脉往东成方向而去，出小官与小老板，但数量多。"

"哟，如此说来，左右两脉，互衬互补。"马咬耳追问道，"那么，中间那条龙脉呢？"

玄真道长脸上露出了喜色："中间这条龙脉为龙山，大南河上游的千年国恩寺位于这龙脉的最佳位置。这条龙脉的大南河两岸是专出名人与文化人的。"

马咬耳："大师所言极是，大南河下游东边的沙村聚龙坊和凤翔里是苏东坡后裔居住之处。大南河西边更是六祖惠能母亲的出生地塱村。"

玄真道长指着马咬耳，笑着调侃："沙村之地，还出了你这个马咬耳哩。"

"我马咬耳是一个平民草根、无名小卒，怎好跟那些伟人巨擘相提并论呢？"马咬耳迭迭摆手，嗔了玄真道长一眼，"道长，您这话让我惭愧得无地自容了。有道是，高处不胜寒。您现在把我摆在高处，我跌下来是要跌断腰骨的。"

“新兴县城是一个四水归源、五河交汇的福地。”玄真道长比画着，“大南河、小南河、稔东河、船岗河、簕竹河这五条河在县城那边的洞口咀交汇，形成水流浩荡的新兴江。一般来说是水向东流，而新兴江却是水向北流，这也是世间少有的奇特现象。新兴江的江水流出肇庆的西江，最后奔向浩瀚的大海。”

“是呀，从西江来新兴的大船溯流可直达洞口咀，而小船可以上行至百步梯、太平墟，”马咬耳佩服地，“道长您将我们新兴的山山水水研究得如此透彻，令人佩服。”

玄真道长笑着说：“贫道我驻元妙观已有三十多年了。这些年来，为了寻龙觅穴，我走南闯北，奔东往西，沿西江两岸奔走了不知多少次。光是在新兴这地方跋山涉水，走得脚毛也掉了不少。”

马咬耳：“难怪道长您对新兴的地理形胜了如指掌。”

玄真道长：“远的就不说，就拿近的来说吧。你们沙村就是一方万金也难求的福地。”

马咬耳听玄真道长提及自己家乡，兴趣更浓，催促着：“请道长讲得详细一些。”

玄真道长扬起手来，指指点点：“山为气，水为财，山水聚会，则丁财两旺。相书有云：千年之祥，一沙一水，沙水为用，气局两全，方为福地。沙村位于大南河与小南河的交汇处，形成了两水夹金的风水格局。”

马咬耳：“两水夹金？啊，您所用的辞藻华丽而动听。”

“这里的地形地貌在天然形态上形成文字的‘金’字。”玄真道长用手指在空中画着，写了一个“金”字。

这“金”虽然无形，但马咬耳从他的手势看得清楚，有点惊讶：“啊，这么巧？”

“人世间的事情往往就是那么巧，”玄真道长再用手势比画着，“如果从高空鸟瞰望下来，新兴县城在这金字的顶端，国恩寺则位于金字底部的横线上。而奕祥坊梁氏宗祠与聚龙坊苏氏宗祠就金字里面的‘玉’中间左右两点的地方。这真是块难觅的宝地呀！”

马咬耳：“这么巧？”

“前面那块绿油油的平坦草地，是让凤凰落脚的好平台。”玄真道长赞叹道，“贫道今天给你建大宅的选址有金有玉，是个吉位呀！”

马咬耳兴奋得脸色潮红：“如果真的是这样，我们家有福了。”

玄真道长踮起脚尖，手板搁在眉宇上做了一个遮阳的动作，望着前面长长的鱼塘。山风掠过大南河，吹到这边来，塘里的水荡起了碧波，引得鱼儿不停地欢快跳跃。

玄真道长指着那片鱼塘，问道：“这是谁家的鱼塘？”

马咬耳指了指自己的胸口：“这是我家的。”

玄真道长：“塘水如此清洌，水面清波荡漾。我想塘底必定有涌泉注入吧。”

“是的，前年干塘捉鱼，我数过塘底共有三个泉眼，日夜不停地有活水往上涌出，”马咬耳伸出了大拇指，向玄真道长称赞道，“塘水那么深，道长您无须细查，竟然能够用肉眼洞穿塘底有泉眼，佩服、佩服！”

玄真道长带着赞赏的口吻说：“你挑选建大宅的地方，坐落于天露山龙脉之上，有道是，以水为财，面前的鱼塘正是‘九龙戏水’的风水格局。”

马咬耳问道：“为什么人们常说‘一命二运三风水’呢？”

玄真道长讲出了他多年来的感受：“风水之道，‘风’就是气氛和场能。‘水’就是流动和变化。命相是正报，而风水是依报。依报跟随着正报而转。正报有福，依报必然会好；正报无福，依报必坏。”

马咬耳：“哟，道长跟我讲人生之道了。”

“风水学家常说‘福地福人居’。你要是有福分，住在风水差的地方，风水会随你转好。你要是福德养不起，住在风水好的地方，亦会自行破掉。”玄真道长侃侃而谈，“我们中国有句话叫‘人杰地灵’。地上的万物都有灵。古代的帝王将相，他们千方百计去找风水宝地，但最后他们还是衰败了，为什么呢？因为福德气数尽了。所以堪舆界有一句话‘求阴地不如求心地’，这可是金玉良言呀！”

“道长的话颇有哲理。”马咬耳深有感触，话题一转，问道，“您今天替我选的建宅之地应怎样处理呢？”

玄真道长放眼望远，再环顾四周，道：“按这里的环境与气场来看，你如果建大宅，最适宜是九宫图，也就是三三归九。”

马咬耳琢磨着：“三三归九？请道长明言。”

玄真道长解释道：“三三归九也就是长长久久的意思。你这块地长二十丈，深也二十丈，在乡间格局非凡。兴建的大宅为三层，每一层是连排过的三座。每层之间的巷道不宜直通，要有转弯拐角。不过你怎住得下九座大屋那么多地方呢？”

马咬耳早就有了打算：“我与娘亲各住一间，剩下来的七座大屋我可以腾出来做村中的学堂，我已想好了名字，就叫正耳学堂。”

“《周易》中的坤卦有云，‘积善之家，必有余庆；积不善之家，必有余殃’。你拿出私宅来做村中学堂，培育桃李，造福乡梓，实为积阴德的大善举，正应了《道德经》之言，‘天道无亲，常与善人’。太好了，太好了！”玄真道长称赞过后，对着前面的地块指点着说，“这地方坐东向西，面向长塘，与乌鸦仔山为案台，地势一级比一级高，是块步步高的宝地，似莲花宝座。整个地块超过百亩，如果在这里建大宅，主人的财力与在世上的地位也将会步步高。”

“步步高？”马咬耳脸庞有如绽开的莲花，说，“道长您是哄我开心吧。”

“非也，”玄真道长摆了摆手，“做我们这一行，最重要的是实事求是，信用第一，我历来是注重职业操守，不会为三斗金而折腰的。我只是按自己几十年的堪舆经验说出真话而已，你怎么对自己如此没有信心呢？”

马咬耳：“道长，我已年过半百，无官无职，只是一介替人打官司的老状师，怎还有步步高的机缘呢？我这次起大屋，是在省城替人打赢了一场大官司，得到奖赏而已。”

“人生命运起落跌宕，既有天数的注定，也有后天的争取，不能一概而论。有如天气一样会波谲云诡。”玄真道长赞叹道说，“你能打赢一场大官司，得到这么丰厚的奖赏，可见聪明绝顶。你相格清奇，真是有状元才呀！你怎不上京去考试求功名呢？”

马咬耳笑着回答：“道长您说我有状元才，但我没有状元命呀！”

玄真道长说出他的心里话：“有道是木秀于林，风必摧之。在乡间建起这么大的房子，肯定会遭到他人嫉妒的。”

马咬耳用力拍了拍胸脯，朗朗有声：“有道是树正不怕影斜，人正不怕鞋歪。我马咬耳无职无权，小时的确经常搞些恶作剧捉弄人，但成人后已痛改前非，一不害人，二不伤天害理。现在是天跌落来我当被盖。”

选好地后，马咬耳即请人动工起屋，因资金充足，所以进展很快。

到了要架起屋顶大梁那天，在大南路塱村路段路过的行人远远望去，那九条涂了红油漆的大木梁一字形高低三排摆在奕祥坊山冈最显眼处，十分醒目。

马咬耳确有真本事，一夜之间就指挥工匠架起了九条屋顶大梁。不久，规模宏大的九座大屋便屹立在奕祥坊的小山岗上。旁边还配有一间马厩。

这九座大屋采用了“金包银”的建筑风格：里面夯墙外面包着青砖，其建筑规模与气派甚至超越了当时的知县衙门，所以引起的效应是轰动性的，这成了新兴县街谈巷议的话题。

在不少人啧啧称赞的同时，也引起了新到任的曹知县内心的妒忌：“这个马咬耳在乡间所建的大屋竟然比本官的衙门规模还要宏大，本官的颜面何在？这位乡巴佬突然有那么多钱建起九座大屋，这些钱肯定是来路不正！”便想找岔子对马咬耳来个敲诈勒索，从中发点横财；但当他了解到事情真相后，不禁冷汗涔涔：“哎哟，这次差点儿惹屎上身，撞到枪口上！”

二十 计破铁案成大业

说奇不奇，说不奇也是奇：身为状师的马咬耳竟然会成为名噪省城的破案高手。

七年前，一位妙龄少女薛玉姣在番禺大石镇突然人间消失了，生不见人，死不见尸。薛玉姣是爹娘的掌上明珠，平日听话，这次无缘无故失踪多时，一定是被人谋害了。这让她居住地的老百姓过日子都提心吊胆，不得安宁。

而这宗沉冤铁案因广东巡抚衙门一位新的按察使到任又翻了出来。

失踪的薛玉姣是这位新任按察使廖汝彬的外甥女。廖汝彬到任后就下令，一定要将这已尘封多年的铁案查个水落石出，以慰解他胞妹一直备受痛苦折磨的心灵。

省城与番禺的查勘高手换了一批又一批，但都是空手而归，皆埋怨此案以前没有留下丝毫的线索。

李华章因打了几宗大官司，声名在外，又得他爷爷门生的推荐，成了两广总督卢坤延聘的“幕客”。“幕客”有的充当总督的参谋顾问，有的分管某项具体工作，有的是署中高级办事人员或出谋划策者。李华章便是总督的参谋顾问之一，所以跟省里一些官员和状师同行混得烂熟。

李华章见按察使廖汝彬要侦破那宗历史悬案心切，便大力推荐马咬耳，说他虽然是一位状师，但颇有心计，分析问题有过人的才智。马咬耳若然前来查案，或者能够破掉这个历史悬案。

因此，马咬耳这位并非官场的状师，就“走马上任”来了。按察使廖汝彬这次配给马咬耳的助手是有多年缉捕经验的巡检张祥。

张巡检见到马咬耳的第一反应是无奈地摇了摇头，发泄出心中的怨气：“我们省城，人才济济，破案高手如云，一个个雄心勃勃而来，在番禺地域进行拉网式的明察暗访，最后都是灰溜溜地离开。一来一去，为查此案已先后换了十多批人。七年多来的呕心沥血，七年来的劳民伤财，却是半点线索也找不到。你想破案后得到按察使的赏钱可比登天还要难呀！”

马咬耳坦言自己的心迹：“我从新兴县来到番禺这里，并不是为了几个钱，而是要让死者沉冤得雪，杀人者受到法律的严惩，这是我人生的一分责任。”

张巡检的脸皱得好像苦瓜干似的：“我干这一行已经二十多年，亲手侦破的案件起码超过五百宗了。我陪同人来侦查这宗悬案已经是第三次，动用了我所有的朋友和手下去调查，别说真凭实据，甚至连一点儿的线索也没有。”

“如果侦破的路子不对，动用更多的人力物力也是徒劳无功的。”马咬耳却是满有信心，“你是个办案老手。我这次和你在一起，可能会将这铁案破掉。”

张巡检：“我们从何处入手呢？”

马咬耳口气肯定："案件在哪里发生，就从哪里入手。一切的调查取证都要悄悄地进行，别过度张扬，切忌打草惊蛇。"

张巡检："这次我们打算打扮成什么样子的人呢？"

"扮作商家佬，"马咬耳早已心中有数，"所以我们去办这案时，不再带随从去。这次委屈你一下，暂时扮我的助手吧。"

张巡检："好，这次我听你的。"

番禺是珠江三角洲里有名的鱼米之乡。辽阔的大地上，水网纵横交错，桑基鱼塘一片连着一片，鱼塘的基围上有的还种着芭蕉树。

马咬耳穿起长袍马褂，头发梳得光亮，打上发蜡，黄丝蚁仔也爬不上去，手指戴着金镶玉戒指，脚下的麂皮黑皮鞋擦得亮铓铓的，一副商人的打扮。

张巡检身穿棕色长衫，脚着平底轻便布鞋，肩背着一个黑色布袋，扮作马咬耳的随从。

马咬耳与张巡检以给酒楼采购货品为名，在番禺大石镇薛玉姣失踪地附近的各个村走访，早出晚归，一连走了五六天，却是线索全无。

晚上，回到下榻的悦来客栈，连油灯也不点亮，张巡检就一头躺在竹椅上，用手捶打着小腿，泄气地："唉，走到脚儿乎行不动了，连丁点儿的线索也找不到。"

马咬耳过去将油灯点亮，屋里顿时亮出黄色的光："我相信，功夫不负有心人，我们只要坚持下去，总会有所收获的。"

张巡检脸色灰暗，眼睛没有晶光，丧气地："时过境迁，要破这跨度七年之久的案件，无疑是大海捞针，所有证据都已经被作案者销毁殆尽了。"

马咬耳："一切线索都是靠人找出来的。在大海里面捞起针来，并非绝对不可能的事。我相信，要想人不知，除非己莫为。既然那人作了案，始终会留下蛛丝马迹的。主要是我们要多想办法。"

张巡检见马咬耳破案的意念那么坚决，官命在身，只好说：“那么，你就多多想办法吧。”

马咬耳与张巡检又在乡间暗中查访了几天。

在一个落日余晖即将收尽的黄昏，马咬耳来到一条村庄里，放眼观察周围的环境，见一口长长的鱼塘旁边有座孤零零的小屋，门前有一棵枝繁叶茂的凤眼果树，问起路人：“那是什么人住的房子？”

路人的回答是：“那是刘均秋的豆腐作坊，他专营豆腐与腐竹的生意。”

马咬耳用手肘推了推张巡检：“我们到塘边的豆腐作坊去看看。”

张巡检：“好的。”

马咬耳与张巡检绕过池塘边，来到豆腐佬刘均秋的家中。

斜阳透过窗棂的空格，照进屋里，豆腐佬正在将晾晒好的腐竹用小绳捆扎着，放进大箩筐里，听到门外传来了脚步声，他转身回头望去。

豆腐佬刘均秋年近五十，身材高大，黧黑的脸庞有如砧板，眉毛又短又粗，那双眼睛宛若铜铃一样，瞳仁不时闪掠过异样的亮光。血盆大口里是一口黄牙，下巴的短胡茬似钢针般又黑又粗，往四面撑开来，手臂的犍肉凸出，一伸一屈之间，好像有一只小老鼠在来回奔跑。

豆腐佬见马咬耳他俩的打扮，知道来了生意上的客人，站起身子，对着马咬耳他们：“你们是——”

还未待马咬耳开口作答，张巡检便按预先演练过多次的“台词”先发声了，他指着马咬耳，说：“我们老板姓马，近日在省城开了一间专营斋菜的大酒楼，想到乡下进点冬菇、木耳、腐竹、豆腐等货品。”

马咬耳随话而上：“不知你这间豆腐作坊一个星期能给我供多少货？有多少生产工具呢？”

豆腐佬听闻来人要进大批的货，心中高兴，指着里间回答说：“我家中有两座大磨，两口做腐竹的大锅。”

马咬耳："但你只有一个人在忙呀！你家里共有多少人？"

豆腐佬："说来失礼，我父母亲早亡，而我自己长得不帅气，家中又穷，没有女人肯嫁我这穷鬼，所以现在全家只有我一个人。"

马咬耳："你带我进你的豆腐作坊去看看。"

张巡检："是呀，若然不亲眼看过我们放心不下来。"

豆腐佬迭迭连声："行、行、行。"

豆腐佬的豆腐作坊在他的屋后背，推开那扇陈旧的木门，迈过门槛后，马咬耳见里面光线幽暗，有两座石磨分别放在入门处的左右两边。四周放着一些生产豆腐用的工具。

豆腐作坊还有一个小后门可以走出去，外面是一块绿油油的菜地，菜地稍远的地方便是一口大鱼塘，塘基种了几十棵芭蕉树，宽阔的芭蕉叶中，有许多条长长的蕉蕾垂了下来。塘边四周长满了蟛蜞菊等茂盛野花，正绽开着黄色的花朵。池塘里的水呈深绿色，不时有鱼儿跃出水面。

马咬耳对豆腐佬说："我的酒楼生意很旺，需要很多豆腐与豆腐干。我若然跟你签订要货的合同，你怎应对得来？"

张巡检搭上话来："是呀，做生意讲求信用，如果我们接了大摆筵席的订单，而你供不上货，我们会赔偿几倍钱给客人呀！"

豆腐佬："这你大可放心，我说得到就做得到。"

马咬耳的目光盯住他："你一个人怎忙得过来？"

豆腐佬解释道："平日生意不好，我便一个人在忙，有两餐将就便算了。如果订货多，我就在乡间雇请人前来帮手。"

马咬耳满意地点了点头，道："好的，如果我有大单的筵席要开，就会提前一天派人告诉你，你记得给我赶货出来便是。"

豆腐佬咧开嘴巴，脸上露出了笑容："多谢施主照顾。"

两人离开豆腐佬家后，来到村口的大榕树下，在那长条的花岗岩石凳上坐了下来。

此时村中的农夫都下田忙着自家的活，四周并无其他人。

马咬耳对着那口大池塘呆呆望了好久，然后侧过脑袋，向张巡检问道：“刚才你进那豆腐佬的家中，有没有发现什么异常情况？”

张巡检摇了摇头：“没有。”

马咬耳继续深入一步地问：“豆腐作坊里面呢？”

“也没有。”张巡检仍然是摇着脑袋。

马咬耳闭紧嘴唇，想了想，提议道：“我们今晚来钓白鳝，怎么样？”

张巡检一头雾水：“钓白鳝？这半个月来，为了侦破那杀人灭口案，我们花了那么多的精力与心机却一无所获。我正在担心期限一到我们如何回去向上峰交差。而你现在还有闲心去钓白鳝？如果你想吃白鳝，明天我们到市集去买几条上酒楼加工让你饱吃一顿。”

马咬耳：“我们钓白鳝或许会钓出个线索来哩。”

“钓白鳝会钓出个线索来？”张巡检不屑地侧头望着马咬耳，“人家说你是聪明绝顶，但我说你是得了神经病。明明这是无关大局的悠闲事，你却要硬扯到案情上来。”

马咬耳的脸色仍带有神秘感：“你听我这一回，如果钓到白鳝我再跟你讲案情。”

张巡检知道马咬耳这个人性格十分固执，跟他争辩是徒劳的，只好说：“好吧，你在人家的池塘里钓白鳝，岂不是等于偷？”

“你说偷就算偷吧，”马咬耳的神色显得有些诡秘，“总之，我们来这里偷偷地钓白鳝，别让其他人知道。”

张巡检不满地嘀咕：“你这个人，神秘兮兮的，不知闷葫芦里卖什么药。”

钓白鳝要用虾作诱饵，现在天已黑没有办法找到虾，所以只能等到明天到集市去买虾，还要准备钓竿与钓线，所以钓白鳝这件事只能安排在明天夜晚进行了。

翌日夜晚，浮云掩月，四周一片漆黑与静谧，村里的人都在被窝里睡得正酣，各家的狗也睡得安稳，村里没有了狗吠声，只有池塘边草丛不时传来的虫儿唧鸣与青蛙叫声。

马咬耳与张巡检来到豆腐作坊塘边的那个灌木丛旁，拿着钓竿，在钓钩上挂着剥了壳的大虾作诱饵，抛到池塘里，不到一袋烟的工夫，就钓起了两条又肥又大的白鳝。

钓起的白鳝足有三四尺长，五六斤重。

马咬耳看了看放在木桶里面的那两条白鳝："够了。"

张巡检不明所以："那么辛苦半夜来这里偷钓，就钓到那么两条就够了。"

马咬耳："是的，够了，我们回客栈去吧。"

马咬耳与张巡检离开了村子，返回悦来客栈。

马咬耳从木桶里捞起一条白鳝，递到张巡检的眼前，说："你看，这池塘里的确有白鳝，并且这些白鳝有三四尺长，身子有大甘蔗那么粗，如果没有养了六七年的时间就不会这么大条的。"

"是呀，这白鳝可够肥大，"张巡检指着面前的那条大白鳝，兴奋地说，"明天来个豉汁蒸蟠龙大白鳝，我和你可以开怀痛饮一顿了。"

马咬耳："吃？你光是想到吃大餐。"

张巡检："钓起的大白鳝不是拿来吃，又是拿来干什么的呢？"

马咬耳："我是在印证自己的判断，村民们所言非假，我是从中找到破案的线索。"

张巡检的眼睛巴眨着不惑的光波："这些白鳝跟我们要侦破的杀人悬案会有联系？"

"是的。"马咬耳点了点头。

山风从那边吹了过来，吹得窗外那大榕树的长须在飘拂起舞，透过窗棂吹到人的身上，好像一只无形的手在拍打着他们的面颊，令人头脑顿时清醒了许多。

“那池塘是豆腐佬的，买回白鳝放进那塘里也是豆腐佬干的，”张巡检琢磨了好一会，“我见你这神情，听你的话音，单凭这一点，难道你怀疑杀人凶手就是那豆腐佬？”

“一件复杂的案件是由诸多因素构成的，这也算是其中的一个凭证吧。”马咬耳的眼睛闪掠过一道亮光，“我心中对破掉此案已经有八成把握了。”

张巡检并没有信心：“退一万步来说，即使是这豆腐佬杀人灭口，但历经七年多了，什么作案的痕迹都会被他毁掉去了。难道你有什么新发现吗？”

“是的。”马咬耳点了点头，“前天，我和你进村向老百姓走访调查的时候，我就发现了其中有疑点。”

张巡检：“什么疑点？”

马咬耳口气认真地分析着：“一般来说，草鱼、鳊鱼、鲫鱼等在池塘养了一年就大得可以出售了。所以每年秋末或冬天将鱼塘干涸一次这已是乡村习惯的规例。”

张巡检回忆道：“是呀，我小时候在老家大人们就是这样每年干一次鱼塘的。每年的那个时候，我们还下塘去捉那些鱼仔虾毛哩。”

马咬耳：“但昨天我从一位老村民那里了解到，豆腐佬连续七年没有干自己这口大塘去捉鱼卖了。”

张巡检仍然是不以为然：“可能他想将鱼养得更大才干塘出售，挣一个好价钱嘛。”

“问题并不是那么简单，而是内有玄机，”马咬耳用手戟指着张巡检，继续说，“其实，我昨天走进豆腐作坊细心观察后发现了一个更大的疑点。他家的豆腐磨上面石磨盘的颜色比较灰白，与颜色略深的下盘相比，看得出那是后来新配上去的。”

经马咬耳这么一提起，张巡检眯着眼睛思索了一会儿，便点了点头：“经你提点，我回想起来了，他家的豆腐磨上盘的确是比较新的，但我不明白，石磨上盘的新与旧有什么问题呢？东西坏了就要换新的嘛。”

马咬耳分析着：“你细心想一想，豆腐磨的上盘是大麻石做的，并非陶瓷缸瓦会碎掉的。上盘那么坚硬，那么重，即使使用日子久了也不会损坏，只会变得陈旧，也不至于坏得不能使用而丢弃。”

张巡检：“是的，豆腐磨上盘即使有破损，也不会影响磨豆腐的。”

马咬耳继续进行他的推理：“你认同就好了。那石磨的上盘既然是新的，那么就会有一个存疑在里面了，这更是突破七年之久的悬案关键。”

张巡检还是大惑不解：“豆腐磨的新上盘跟杀人有关系？怎会说是破案的关键呢？”

马咬耳：“你有没有留意，豆腐佬作坊后门的大塘有二十多亩大，里面会有什么秘密？张巡检，你多年来做过不少调查与缉捕工作的。石磨的上盘与池塘两者的关联你应该会想到的。”

“这……”张巡检凝定眼睛，闭着嘴唇，想了好一会了，一丝亮光在他的眼前掠过，他的心蓦然开了窍，“啊，马咬耳，我明白了，你的意思是豆腐佬在家中杀人以后，为了毁尸灭迹，就将尸体作了沉塘处理。”

“对、对、对！”马咬耳听后兴奋地以拳击掌，“我的推测是，豆腐佬杀人后，最难处理的就是尸体。如果请人一起抬到山上掩埋，说不定会被人告发。”

张巡检：“杀人灭口，罪大弥天，处理尸体的方法当然越简单越好，越少人知道越好。”

马咬耳讲出了他的推理：“那豆腐作坊位于村中间，如果豆腐佬杀人后自己单独扛着尸体出村，很容易被人碰见，露出马脚来。所以最好的方案是就近抛尸落水塘。但几天后，尸体在水中腐烂后必然肿胀，继而就会浮出水面，马上就会引来官府的追查。所以行凶杀人者就要在尸体的身上系着重物，将她沉到水塘里面，以掩人耳目。”

张巡检：“很有这个可能。”

马咬耳深吸了一口气，继续说：“你想一想，在匆匆忙忙之际，要外出去找大石头一来不容易，二来更会引起他人的怀疑。最好的处理方法是就地取材，所以豆腐佬便用家中磨豆腐的上盘作重物，将它系在死者的身体上，沉进水塘里。这样，即使死尸以后发胀，也不会浮出水面来而被人发现。”

张巡检：“你说得很有道理。”

“昨天，有位老村民讲过，那个豆腐佬曾经买来了不少白鳝放进这池塘里，时间是七年前的那个夏天。凑巧的是，那时候正是薛玉姣失踪的那个夏天。世间的事情竟会如此的吻合！所以我从心里就认定，这里面有蹊跷的文章。”马咬耳的口气十分肯定。

“的确，昨天有位老村民讲过豆腐佬买白鳝放进池塘这件事，但我当时可没有将这件事记在心上，”张巡检七岁后就在省城长大，所以对农村的事情了解得并不多，问道，“白鳝放进鱼塘里有什么作用？”

马咬耳一直在乡间生活，从小就跟鱼虾蟹打交道。他根据自己的生活经验亮出自己推断的观点：“我们先来一个假设，如果是豆腐佬杀了人，就会设法沉尸落塘，不久尸体便会腐烂肿胀发臭，难闻的恶臭气体会溢出水面，飘散往四周。在塘边经过的路人闻后会引起怀疑。我们这些生活在农村的人都知道，白鳝是最喜欢食腐肉的，所以白鳝在塘里就会将尸体腐烂后的肉末食掉，这样，鱼塘的水质就不会发臭。”

此时此刻，几乎大白的真相呈现在张巡检面前，他道：“所以豆腐佬就买来大批白鳝将池塘底下的尸体腐肉吃掉。那豆腐佬真是狡猾到极顶了。”

张巡检情不自禁地举起了拳头，轻轻地击打了一下马咬耳的胸膛，钦佩地："哟，原来你懂得那么多的知识，而这些我是完全不懂的。"

马咬耳："办案者如同做状师，对社会的各种知识懂得越多越好。"

"这也是，"张巡检倒抽了一口冷气，赞扬道，"豆腐佬杀人之后想得真周到，各个细小的环节都考虑到了。想不到竟然会被你一一破解。如果此事经核查后确实是真的，我将把你奉若神明。"

"你别把我捧得太高。"马咬耳摆了摆手，谦让地说，"这只不过是应了古训而已。"

张巡检："什么古训？"

马咬耳："天网恢恢，疏而不漏。人在做，天在看。所以做坏事总是会有报应的。"

张巡检向马咬耳伸出了大拇指，夸奖道："你分析得合情合理。"

马咬耳："这都是我和你的主观推想。最后还是要以事实为依据的。杀人血案非同儿戏，我们不能冤枉一个好人，但也不能放过一个坏人。"

张巡检的脸色严肃而冷峻："事到如今，我们该怎么办呢？"

"我们来个敲山震虎。"马咬耳做着手势，放缓了讲话的节奏，说，"我们与村长联系一下，故意叫他在村中放出风声，让那豆腐佬知道，说冬天快到了，村民们都想吃大鱼过大年。豆腐佬家的这口大塘多年来都未曾干过，现在要干塘捉鱼。我们派出人来，暗地观察豆腐佬的动态。"

张巡检接上话头来："如果我们放出风声，豆腐佬如果心中有鬼，就会千方百计找借口往外逃。如果他真的像我们推测的那样，他行凶杀人的嫌疑就更大了。"

马咬耳口气有点严肃："是呀，所以我们要想方设法，防止他找借口逃跑。"

张巡检频频点头："对那豆腐佬的盯梢我会暗中安排好的，你大可放心。"

马咬耳便将侦案的情况向省按察司作了汇报与请示。

省按察司的一纸行文，番禺的县官马上组织人来到大石镇的这条村，安排人力物力，要将这池塘的水全部放干，以查明真相。

这一天，天气晴朗，万里无云。

薛玉姣平白无故失踪了七年，这件事情搞得番禺大石镇附近的村民人心惶惶，担心哪一天同样的厄运会降临自己的头上。如今，听闻有官府要在这条村干塘寻尸，爱看热闹的四乡老百姓如潮水般涌来，将这鱼塘四周围得水泄不通，一看究竟。

马咬耳和张巡检站在那天深夜钓白鳝的灌木丛旁边，目不转睛地望着事态的进展。

马咬耳“敲山震虎”这一招真是管用，豆腐佬见官府要将他后院的那口大塘干掉，知道此举是冲他而来的，便用篮子盛满了豆腐，往村外走去，却被守候在村口的衙役拦住了。

豆腐佬不满地：“邻村有人订了我的豆腐，我现在要给他们把货送去。”

衙役：“大人有命令，在干塘期间，任何人都不能走出这条村子。”

豆腐佬：“我不能出村，时间拖延了我这些豆腐会发臭的。”

衙役沉着脸，态度强硬地回应：“你的豆腐会臭还是不臭我管不着，我只是执行上司的命令而已。”

豆腐佬见用这个方法逃不掉，知道大祸即将临头，但一时又无法脱身，只好折回头返到豆腐作坊里去再想办法。

眼看那鱼塘的水越来越少，豆腐佬想从村后面的小山丘上逃走，无论他用什么的托词，但都被守候在那里的官差拦住了。

鱼塘的四周布满了拿刀佩剑的衙役，守卫森严。

人们将池塘水窦口放开清浚引流，有人用戽斗帮忙戽水。随着时间的推移，池塘里的水越来越低，围观的老百姓的颈脖越伸越长。

越到池塘里的水浅的时候，张巡检的好奇心越发加重，道：“我真担心鱼塘全干了却一无所获，届时上峰就会责怪我们劳民伤财。”

马咬耳却胸有成竹地答道：“结局快到来了，你和我拭目以待吧。有这么多证据作支撑，我相信我的判断决不会错。”

从大清早放水一直到傍晚，在西山晚霞快要收尽的时候，池塘的水逐渐被放干涸了。这时，在池塘边上围观的老百姓不约而同地惊叫起来。果然在池塘的中央位置的泥沼里，发现了一副白森森的完整骷髅人骨架，它的腰肢下有一个石磨的上盘，两者用绳索紧紧地捆绑着。

衙役将池塘里石磨的上盘捆扎的绳索解开，捧到豆腐佬那豆腐作坊里，套在那个旧的石磨下盘上，无论从新旧的程度，还是大小吻合度两者都十分相配。

铁证如山，不容抵赖！

豆腐佬虽然狡猾，但在铁证面前，只能低下了头颅，供认了犯罪的全过程。

七年前的那个夏天，午后热浪迫人，池塘边的野花与杂草被无情的烈日晒得耷低了头。

薛玉姣是一个贪玩的女孩，那天她在姑妈那边探亲回来，归途听到村这边锣鼓喧天，路人说这村中有喜庆，正表演着狮子采青。她便走进村来，又觉得口渴难受，见池塘边有一间豆腐作坊，便进来向豆腐佬买碗豆腐花来吃。

豆腐佬因样子丑，脾气暴躁远近闻名，所以年过四十也娶不到妻子。

乍见进来买豆腐花的妙龄女子风姿绰约，豆腐佬淫心大发，趁递碗的时机一把将薛玉姣搂住，动手撕扯她的罗裙。薛玉姣当然不从，拼命挣扎，还大声呼叫。但村中锣鼓震天响，人们都被祠堂前广场的舞狮子吸引住了，外面便没有人听到呼救之声。

豆腐佬却慌了手脚，用手掌使劲捂住薛玉姣的嘴巴。

薛玉姣越是挣扎，豆腐佬的手就捂得越紧。没过多久，薛玉姣已经没有了声音，豆腐佬放开手来的时候，见薛玉姣两眼紧闭，脸色苍白，用手试了试她的鼻息，已经没有了呼吸。

豆腐佬知道薛玉姣被自己错手弄死了，连忙关了屋的大门。从来没有沾染过女色的豆腐佬动手解开薛玉姣的衣裳罗裙，见薛玉姣躺着仍楚楚动人，顿时欲火焚身，顾不得那么多，实施了奸尸这禽兽不如的罪恶行径。

一轮高潮过去，豆腐佬面对着玉体横陈的薛玉姣，知道自己罪大恶极，被人发现就会以命填命，经过几番思索，就将薛玉姣尸体用柴草遮蔽着，待到夜深人静之时，便把石磨的上盘用绳索捆扎到薛玉姣的尸体上，扔进豆腐作坊后面的池塘里。

一夜无眠，豆腐佬想到大热天时，几天后薛玉姣的尸体会腐烂浮起来，翌日便到市集去买回大量的白鳝，放到池塘里面，让它们吞噬腐肉，以灭绝作恶的痕迹。

可怜薛玉姣这位黛绿年华的女子，因一时不慎误入歧途而命丧黄泉。

豆腐佬自以为这次自己毁尸灭迹做得天衣无缝，官府多次派人也查勘不到半点线索，想不到这宗沉冤铁案在七年以后竟然会被从新兴县来的马咬耳挖了出来。

最后的结局当然是一命填一命，豆腐佬被官府处以了极刑。

经过这次跟马咬耳一道侦破这历史悬案，张巡检专程宴请马咬耳，酒过三巡后，张巡检脸色愧红、态度却十分诚挚：“当初接手此案，说实话我是看不起你这个从新兴县来的年老乡巴佬的。后来，每次都与你一起去访查，我什么线索也发现不了，你却能从中抽丝剥茧，发现端倪。”

马咬耳认真地：“同样一件事物，横看成岭侧成峰，角度不同就会得出不同的结果。”

张巡检感悟良多，点头赞同道：“是的。”

马咬耳：“尤其是要侦破案件，凡事都是细心想一想，由表及里，由浅至深，方能从表象里抽丝剥茧，深挖下去，找到突破的契机。”

“你真是太了不起！”张巡检向马咬耳伸出了大拇指，由衷地称赞，“真是上天赐我良机，有幸跟你在一起一个多月，私访查案，终于将搁置七年多久的悬案查清破了，让死者沉冤得雪，行凶者受到严惩。你锲而不舍的执着精神，深入细致分析问题的方法，对我今后的人生有很大的启迪。”

广东巡抚衙门按察使廖汝彬见马咬耳破了这历史悬案，让外甥女沉冤得雪，便向两广总督卢坤推荐，说马咬耳在刑侦方面是一位杰出的人才。

两广总督卢坤听过汇报，审阅过卷宗，记起去年广州十三行向英国东印度洋行购买优质羊绒进贡皇上的事，在面临要打一场艰难的国际官司时，马咬耳靠他的聪明智慧，出面把自己与伍秉鉴从绝境中救了出来，让作祟谋利的洋人阴谋难以得逞，看来这马咬耳是个大器之才，于是一纸公文将马咬耳破格录用至总督衙门的刑科当头目。

总督衙门下设六个科房的办事机构，分别是吏科、户科、礼科、兵科、工科和刑科，上与中央的六部对口，上面可以通过布政、按察二司等部门，指挥各府州县的六房。刑科的职责非轻：在省里掌管人命、盗逃、词讼、捕役等重大司法工作，对维护社会治安起到至关重要的作用。

张巡检也受到了重用，官升一级，调到马咬耳的麾下。

任命文书下达了一周，仍然不见马咬耳前来总督衙门报到上班。卢坤正在纳闷之际，门官送来马咬耳所写的一封信，内文只有四句话：“宦海官场是幻境，年近花甲似飘萍。状师育人吾所好，是非功过任人评。”

两广总督卢坤佩服马咬耳的为人，特地提笔在一幅一尺见方的黄绸上写下两句话：“两广马咬耳，见官大一级。”签上自己的大名，还加盖了自己的官印，叫李华章送去给马咬耳。

一代状师马咬耳轻薄名利，在暮年之时有官不做，返乡替人打官司，在家乡兴办学堂。他的一生充满着好坏交织的传奇故事，一直在西江两岸流传着。

参考资料

《西江民间故事》（叶旭明 2000年 中国文联出版社）

《考试趣话》（叶旭明 彭洪基 2001年 山西教育出版社）

《肇庆民间故事》（丘均主编 1989年 广东人民出版社）

《新兴风物》（黄达辉主编 2010年 中华书局）

《广东民间故事》（肇庆·封开卷）（广东省文联、广东省民间文艺家协会编　2013年岭南美术出版社）

《话说马咬耳》（洪盘东 新兴民间故事选）

《三元三合地理秘诀精选》（伍巨兴主编 2007年 国际炎黄文化出版社）

《扭计师爷陈梦吉》（陈一峰主编）

《五邑民间故事集》（江门市文联编1999年 珠海出版社）

《内乡县衙与衙门文化》（刘鹏九编著 1999年 中州古籍出版社）

跋

在重视挖掘历史文化的今天，民间广泛流传的历朝历代名人故事颇具研究价值，而其中接地气的，清朝马咬耳的故事便是其中之一。

马咬耳的家乡在广东新兴县上沙村奕祥坊，与禅宗六祖惠能母亲出生地——塱村是一河之隔。马咬耳是一位被人称为“有状元才、无状元命”的乡下名人。西江流域的民间流传着很多关于马咬耳的故事，可以说家喻户晓。

马咬耳原名梁文才、梁天培，因骑膊马时咬掉父亲耳朵而得此名。马咬耳天赋聪明，性格谐趣，幼时与塱村的孩子一起在大南河里玩耍，后在塱村求学读书，得名师启蒙教育，从小深受六祖禅风熏陶，小时候已显露出过人的才华，但爱以恶作剧去捉弄别人。

马咬耳长大成人，初时仍喜欢整蛊人，会营销，懂经商，后因害人反害己得以警醒，并得禅师高僧指点而痛改恶习，干活勤勤恳恳，得学友举荐而转行做状师，经生活历练而遐迩闻名。他经常出头替老百姓打官司做好事，惩恶扬善，靠过人的聪明才智破了多宗大案悬案；在当时中国海上丝绸之路的发端——广州，跟英国东印度洋行打赢了一场事关重大的官司，替两广总督与十三行首富解除了大困局，得到了重奖。

本是功成名就的马咬耳有官不做，回乡当状师与老师，是非功过，任人置评。

现在，上沙村奕祥坊所保存的梁氏族谱有记载着马咬耳（梁文才、梁天培）的名字。村里仍保留着马咬耳当年规划过百亩、所建规模颇大的九座大屋，其中用作学堂的七座大屋经风雨侵蚀、年久失修已坍塌，仅残留着墙头；但还有两座大屋保留得相对完好。大南河边百步梯、码头和乌鸦仔山上占地数亩的马咬耳家族祖坟尚保留完好。这四件历史遗物就是马咬耳当年影响力巨大的有力佐证。

笔者写这本书，缘起苏四先生。

苏四先生是广东恒升集团董事长。他是新兴县太平镇上沙村聚龙坊人，是一位成功创业的乡贤。多年来，他为新兴的旅游事业和家乡文化建设作了不少贡献。

几年前，笔者与苏四先生合作，在羊城晚报出版社出版了30万字的长篇小说《天露山传奇》。苏四先生从小就听老人们讲述马咬耳的故事，有感于马咬耳是西江流域众所周知的传奇人物，又是他们家乡上沙村的人，去年便发起、策划编写《大状马咬耳》这本书，通过出版社来出版，让更多人知道马咬耳的故事，以流传后世，为打造他家乡成为文化旅游乡村、实施振兴乡村战略、发展全域旅游出一把力。笔者觉得这是一件大好事，便欣然答应。

为此，苏四先生跟笔者讲述了很多关于马咬耳的民间故事，带笔者到实地考察，对新兴县上沙村奕祥坊、聚龙坊的老人进行了深入采访，到新兴县洞口镇东岗云洞村委会采访了林天联老支书和林国行等村民。天露山脚的洛洞村梁氏是马咬耳先祖梁宗秀的后裔攀耕迁居到此的，我们专程到那里向老人搜集有关马咬耳的故事。

我们还专门收集了云浮市志、新兴县志和肇庆有关民间故事的书籍，参考了不少民间文学的资料，进行梳理对照，发现新兴县流传的马咬耳有些故事跟岭南民间多地广泛流传的故事有些近似，只不过姓名不同、情节大同小异而已。

譬如珠三角一带流传着“船上借棉被、铜钱作物证”的民间故事：里面大名鼎鼎的扭计师爷陈梦吉，在这里则是牛召草的角色；那个盲人则是马咬耳此人。在广东与广西交界的封开县也有“船上借棉衣、铜钱作证物”的故事：自恃聪明绝顶的何灵云，相当于本书的牛召草；他乘船前去封开与之一较高下的对手陈宝登，则是本书的马咬耳角色。千百年来，民间故事通过口口相传，越传越远，越传越变样，各取所需，在各地衍化出自有本土特色的不同版本来，这也不足为奇。

中共新兴县委宣传部对本书十分重视与关注，组织有关人士对本书的初稿进行了研讨，提出了宝贵的修改意见。

新兴县原副县长陈汉成是中国音乐家协会会员，也是土生土长的新兴县人，给笔者讲述了许多新兴县的风土人情和马咬耳的故事。

丘均、叶旭明、梁绍辉、冯佐照、曾炳辉、甘培旭等先生是当地知名的民间文学专家学者，他们的著作为笔者提供了一些颇有参考价值的资料。

新兴县文联原主席、新兴县作家协会主席洪盘东先生是笔者校友，历来对西江流域的历史文化颇有研究，他搜集了不少有关马咬耳的传奇故事，并提供给笔者。

马咬耳的家乡——上沙村奕祥坊的梁重超书记组织了梁正光、梁家兴、梁绍权等老人开座谈会，并带笔者到该村马咬耳所建九座大屋旧址、长塘、百步梯、大南河、乌鸦仔山梁氏宗族祖坟等地进行现场考察，给本书提供了大量宝贵的原始材料。

笔者与苏四先生将多年收集到的原始材料作进一步的梳理、遴选，发掘历史文化，展示有特色的地方风情风貌、风水地理，去粗存精，去伪存真。在这基础上，将其作进一步的艺术加工，整合成篇，以文学的角度去塑造马咬耳这位地方名人，以传播正能量。

在本书写作的全过程中，苏四先生以总策划的身份一直出谋献策，全程参与修改，还设计了封面，使本书更富有地方色彩，更接地气。他还为出版本书给予了全部的资助。

画家黄永红先生在百忙中为本书画了二十幅插图。秦桂凤女士、彭自本先生提供了不少照片，为本书增添了亮丽的色彩。

在此，笔者对苏四先生和为本书提供过帮助与资料的有关乡贤、朋友、专家学者表示深深的谢意。

是为跋。

何初树

作者：苏四（左一）、何初树（左二）

苏四

何初树

新兴县举行《大状马咬耳》初稿研讨会现场

奕祥坊采访百岁老人

奕祥坊采访老人现场

参观马咬耳九座屋旧址
（左起：何初树、苏四、陈汉成、曾炳辉）

马咬耳九座屋旧址之一

马咬耳九座屋旧址之二

大南河边百步梯旧址

马咬耳先祖梁宗秀之坟

上沙村奕祥坊梁氏宗祠

上沙村聚龙坊苏氏宗祠

湖景酒店

无忧谷温泉酒店

异国温泉别墅

梅溪小镇古城楼

梅溪小镇藏宝湖

天露寺

姻缘连理古树

云端玻璃桥